Kohlhammer

Der Autor

Hans-Joachim Hannich ist Direktor des Instituts für Medizinische Psychologie an der Universitätsmedizin Greifswald. Nach dem Studium der Psychologie an der Universität Münster von 1977 bis 1980 wissenschaftlicher Assistent am Institut für Medizinische Psychologie der Universität Münster, parallel dazu Promotionsstudium in Medizin mit Abschluss 1982 zum Dr. rerum medicinalium. Von 1980 bis 1987 als wissenschaftlicher Mitarbeiter an der Universitätsklinik für Anästhesiologie und operative Intensivmedizin Münster tätig mit den Hauptarbeitsbereichen: Psychosomatik in der Intensivmedizin, Schmerztherapie, Psychopathologie im Krankenhaus. 1986 Habilitation und 1987 Ernennung zum Professor für Klinische Psychologie und Psychosomatik an der Universität Münster, von 1990–1992 geschäftsführender Direktor des Instituts für Medizinische Psychologie der Universität Münster. 1994 erfolgte die Berufung als Gründungsprofessor für Medizinische Psychologie an die Universitätsmedizin Greifswald. Tätigkeit in zahlreichen nationalen und internationalen Gremien, Gastprofessor für Medizinische Psychologie an der Medizinischen Universität Graz (Österreich). Forschungsschwerpunkte u. a.: Arzt-Patienten-Beziehung, ärztliche Gesprächsführung, psychotherapeutische Versorgungsforschung, Psychotraumatologie.

In den Jahren 1984–1992 erfolgte seine Ausbildung zum individualpsychologischen Psychoanalytiker am Alfred-Adler-Institut Nord, Delmenhorst. Seit 2000 ist er Lehranalytiker der Deutschen Gesellschaft für Psychoanalyse, Psychotherapie, Psychosomatik und Tiefenpsychologie (DGPT), seit 2004 1. Vorsitzender des Instituts für Psychotherapie und Psychoanalyse Mecklenburg-Vorpommern (IPPMV).

Hans-Joachim Hannich

Individualpsychologie nach Alfred Adler

Verlag W. Kohlhammer

Dieses Werk einschließlich aller seiner Teile ist urheberrechtlich geschützt. Jede Verwendung außerhalb der engen Grenzen des Urheberrechts ist ohne Zustimmung des Verlags unzulässig und strafbar. Das gilt insbesondere für Vervielfältigungen, Übersetzungen, Mikroverfilmungen und für die Einspeicherung und Verarbeitung in elektronischen Systemen.

Die Wiedergabe von Warenbezeichnungen, Handelsnamen und sonstigen Kennzeichen in diesem Buch berechtigt nicht zu der Annahme, dass diese von jedermann frei benutzt werden dürfen. Vielmehr kann es sich auch dann um eingetragene Warenzeichen oder sonstige geschützte Kennzeichen handeln, wenn sie nicht eigens als solche gekennzeichnet sind.

Es konnten nicht alle Rechtsinhaber von Abbildungen ermittelt werden. Sollte dem Verlag gegenüber der Nachweis der Rechtsinhaberschaft geführt werden, wird das branchenübliche Honorar nachträglich gezahlt.

Dieses Werk enthält Hinweise/Links zu externen Websites Dritter, auf deren Inhalt der Verlag keinen Einfluss hat und die der Haftung der jeweiligen Seitenanbieter oder -betreiber unterliegen. Zum Zeitpunkt der Verlinkung wurden die externen Websites auf mögliche Rechtsverstöße überprüft und dabei keine Rechtsverletzung festgestellt. Ohne konkrete Hinweise auf eine solche Rechtsverletzung ist eine permanente inhaltliche Kontrolle der verlinkten Seiten nicht zumutbar. Sollten jedoch Rechtsverletzungen bekannt werden, werden die betroffenen externen Links soweit möglich unverzüglich entfernt.

1. Auflage 2018

Alle Rechte vorbehalten
© W. Kohlhammer GmbH, Stuttgart
Gesamtherstellung: W. Kohlhammer GmbH, Stuttgart

Print:
ISBN 978-3-17-031226-5

E-Book-Formate:
pdf: ISBN 978-3-17-031227-2
epub: ISBN 978-3-17-031228-9
mobi: ISBN 978-3-17-031229-6

Geleitwort zur Reihe

Die Psychotherapie hat sich in den letzten Jahrzehnten deutlich gewandelt: In den anerkannten Psychotherapieverfahren wurde das Spektrum an Behandlungsansätzen und -methoden extrem erweitert. Diese Methoden sind weitgehend auch empirisch abgesichert und evidenzbasiert. Dazu gibt es erkennbare Tendenzen der Integration von psychotherapeutischen Ansätzen, die sich manchmal ohnehin nicht immer eindeutig einem spezifischen Verfahren zuordnen lassen.

Konsequenz dieser Veränderungen ist, dass es kaum noch möglich ist, die Theorie eines psychotherapeutischen Verfahrens und deren Umsetzung in einem exklusiven Lehrbuch darzustellen. Vielmehr wird es auch den Bedürfnissen von Praktikern und Personen in Aus- und Weiterbildung entsprechen, sich spezifisch und komprimiert Informationen über bestimmte Ansätze und Fragestellungen in der Psychotherapie zu beschaffen. Diesen Bedürfnissen soll die Buchreihe »Psychotherapie kompakt« entgegenkommen.

Die von uns herausgegebene neue Buchreihe verfolgt den Anspruch, einen systematisch angelegten und gleichermaßen klinisch wie empirisch ausgerichteten Überblick über die manchmal kaum noch überschaubare Vielzahl aktueller psychotherapeutischer Techniken und Methoden zu geben. Die Reihe orientiert sich an den wissenschaftlich fundierten Verfahren, also der Psychodynamischen Psychotherapie, der Verhaltenstherapie, der Humanistischen und der Systemischen Therapie, wobei auch Methoden dargestellt werden, die weniger durch ihre empirische, sondern durch ihre klinische Evidenz Verbreitung gefunden haben. Die einzelnen Bände werden, soweit möglich, einer vorgegeben inneren Struktur folgen, die als zentrale Merkmale die Geschichte und Entwicklung des Ansatzes, die Verbindung zu anderen

Methoden, die empirische und klinische Evidenz, die Kernelemente von Diagnostik und Therapie sowie Fallbeispiele umfasst. Darüber hinaus möchten wir uns mit verfahrensübergreifenden Querschnittsthemen befassen, die u. a. Fragestellungen der Diagnostik, der verschiedenen Rahmenbedingungen, Settings, der Psychotherapieforschung und der Supervision enthalten.

Harald J. Freyberger (Stralsund/Greifswald)
Rita Rosner (Eichstätt-Ingolstadt)
Günter H. Seidler (Dossenheim/Heidelberg)
Rolf-Dieter Stieglitz (Basel)
Bernhard Strauß (Jena)

Inhalt

Der Autor 2

Geleitwort zur Reihe 5

Vorwort 11

1 Ursprung und Entwicklung der Individualpsychologie 13
   1.1 Die individualpsychologische Theoriebildung in
der Nähe und Distanz zur Psychoanalyse Freuds ... 14
      1.1.1 Zu den Anfängen – der Sozialmediziner
Alfred Adler 14
      1.1.2 Die Begegnung mit Freud – von der
Entdeckung der Gemeinsamkeiten bis zur
Trennung 17
      1.1.3 Die Entwicklung der Individualpsychologie
als eigenständige Theorie 22
   1.2 Die Blütezeit der Individualpsychologie als
Psychologie der Reformbewegung 24
   1.3 Zwischen Niedergang und Fortbestand – Die
Individualpsychologie in den 1930er Jahren 28
   1.4 Der Neuaufbau der Individualpsychologie nach
dem Krieg 33

2 Verwandtschaft mit anderen Verfahren 36
   2.1 Psychoanalyse 36
   2.2 Psychoanalytische Ich-Psychologie 38
   2.3 Neo-Psychoanalyse 39

2.4	Logotherapie	40
2.5	Transaktionale Analyse	41
2.6	Nicht-tiefenpsychologische Verfahren	43

3 Wissenschaftliche und therapietheoretische Grundlagen des individualpsychologischen Verfahrens ... 45
- 3.1 Das Minderwertigkeitsfühl und seine Kompensation ... 47
- 3.2 Das Konzept der Finalität ... 50
- 3.3 Das Gemeinschaftsgefühl ... 53
- 3.4 Der Lebensstil ... 60
  - 3.4.1 Das Familienklima als lebensstilbildendes Element ... 62
  - 3.4.2 Die Geschwisterkonstellation als lebensstilbildendes Moment ... 68
- 3.5 Aggressionstrieb, Triebverschränkung und -verwandlungen ... 71
- 3.6 Die Bedeutung des Unbewussten ... 74
- 3.7 Die Neurosentheorie der Individualpsychologie ... 76
- 3.8 Die Ätiologie der Neurose ... 79

4 Kernelemente der Diagnostik ... 84
- 4.1 Die Beziehungsherstellung und Klärung des Behandlungsvorgehens ... 84
- 4.2 Die Anamneseerhebung ... 88
- 4.3 Die Lebensstilanalyse ... 92

5 Kernelemente der Therapie ... 94
- 5.1 Die Beziehungsgestaltung und ihre Auswirkungen auf den therapeutischen Prozess ... 94
- 5.2 Der Umgang mit Übertragung-Gegenübertragung und der Modus des »In-der-Schwebe-Haltens« ... 96
- 5.3 Die Bearbeitung von Träumen ... 98
- 5.4 Der Umgang mit dem Veränderungswiderstand ... 100
- 5.5 Die Beendigung der Therapie ... 102
- 5.6 Das Sechs-Punkte-Vorgehen der Individualpsychologie ... 102

Inhalt

6	Klinisches Fallbeispiel	104
6.1	Beziehungsherstellung und Diagnostik	105
	6.1.1 Konsultationsgrund	105
	6.1.2 Spontanangaben der Patientin	105
	6.1.3 Erster Eindruck	106
	6.1.4 Therapiemotivation	106
6.2	Anamnestische Daten	107
	6.2.1 Werdegang	107
	6.2.2 Familienkonstellation und Beziehungen der Familienmitglieder	109
6.3	Analyse des Lebensstils anhand früher Kindheitserinnerungen	111
	6.3.1 Der Lebensstil und seine Auswirkungen auf die Lebensaufgaben	113
	6.3.2 Der Initialtraum	115
6.4	Überlegungen zur Psychodynamik	116
6.5	Der Verlauf des therapeutischen Behandlungsprozesses	117
	6.5.1 Die aktuelle Problematik im Spiegel des Lebensstils	117
	6.5.2 Die Erfahrung von Gemeinschaft und die Errichtung neuer Ziele	121
6.6	Unterstützung und Festigung der Horizonterweiterung/Katamnese	124
7	Hauptanwendungsgebiete der Individualpsychologie	126
7.1	Die individualpsychologische Beratung als Neurosenprophylaxe	126
7.2	Die individualpsychologische Psychotherapie als Verfahren der Neurosenbehandlung	128
8	Settings und die therapeutische Beziehung	130
8.1	Individualpsychologische Beratung	130
8.2	Individualpsychologische Psychotherapie	132
9	Wissenschaftliche Evidenz	135

Inhalt

10	Klinische Evidenz	141
11	Institutionelle Verankerung	144
12	Informationen zur Aus-, Fort- und Weiterbildung	146

Literatur 151

Stichwortverzeichnis 163

Vorwort

Freud, Adler, Jung – diese drei Namen werden genannt, wenn es um die Begründer der Tiefenpsychologie geht. Freud als dem Vater der Psychoanalyse kommt dabei die unumstrittene Vorreiter-Rolle zu, während Jung und Adler als seine Schüler und spätere Dissidenten bezeichnet werden. Wissenschaftshistorisch ist die Schüler-Rolle des späteren Schöpfers der komplexen oder analytischen Psychologie Jung unbestritten. Dagegen kann Adler eher als zeitweiliger Weggefährte Freuds beschrieben werden, der sich vor dem Treffen mit ihm bereits mit psychologischen Fragestellungen befasst und nach der Trennung von ihm die Individualpsychologie etabliert hat. Viele ihrer Grundbegriffe wie »Minderwertigkeitskomplex«, »Selbstwertgefühl«, »Kompensation« oder »Machtstreben« gehören heute zum allgemeinen Sprachgebrauch, wenn es um die populärwissenschaftliche Erklärung psychologischer Vorgänge geht.

Als psychotherapeutischer Ansatz stellt die Individualpsychologie Alfred Adlers neben der Psychoanalyse Sigmund Freuds und der Analytischen Psychologie Carl Gustav Jungs die dritte Säule der Tiefenpsychologie dar. Sie ist als anerkanntes Verfahren für die psychotherapeutisch-psychoanalytische Behandlung von Patienten mit seelischen Störungen zugelassen. Sie verfügt über eine theoriespezifische Krankheitslehre zum Entstehen psychischer Erkrankungen und über eigene Methoden zu ihrer Prävention und Therapie. Sowohl im englisch- als auch deutschsprachigen Raum verfügt sie über Organisationsstrukturen, in denen über Forschung und Lehre individualpsychologisches Denken und Handeln weiterentwickelt bzw. vermittelt wird.

1 Ursprung und Entwicklung der Individualpsychologie

Der historisch-gesellschaftliche Kontext, in den die Entstehung der Individualpsychologie eingebettet ist, stellt das Wien des Fin de siècle mit dem Übergang zur Moderne (1904–1912) dar. Die österreichische Hauptstadt ist zu dieser Zeit das geistige Zentrum Europas. In ihm treffen verschiedenartigste Einflüsse aus Kunst, Literatur, Medizin, Naturwissenschaft und Technik aufeinander und werden zum wichtigen Impulsgeber für die rasante Entwicklung des geistig-kulturellen Lebens im beginnenden 20. Jahrhundert. In der Psychologie revolutionieren die Erkenntnisse Sigmund Freuds das Vorstellungsbild vom Menschen. Seine Betonung der Sexualität als Triebfeder für Erleben und Verhalten bricht festgefügte gesellschaftliche Tabuzonen auf und beeinflusst nachhaltig den Diskurs in Wissenschaft und Kunst.

In diese Zeit des intellektuellen Aufbruchs fallen auch die ersten Ansätze der Individualpsychologie durch Alfred Adler. Sie entstehen aus der Nähe zu Freud und entwickeln sich später in deutlicher Abgrenzung zu ihm. Für Bruder-Bezzel (1999) stellt die Zeit der Zusammenarbeit mit Freud und die darauffolgende Trennung die erste Entwicklungsphase der Adlerianischen Theoriebildung dar (▶ Kap. 1.1). Die zweite ergibt sich als Antwort auf die kulturellen und politischen Umwälzungen im Zuge des Ersten Weltkriegs. In der sozialdemokratisch geprägten Reformbewegung mit ihrem Ursprung im »Roten Wien« der 1920er Jahre wirkt Adler prägend. Seine Vorstellungen für eine verändertes Gesundheits-, Sozial- und Bildungswesen fließen wesentlich in die Reformideen und -projekte der politischen Entscheidungsträger ein und erfahren ihre Bewährung in der Praxis (▶ Kap. 1.2). Zu Beginn der 1930er Jahre erfolgt dann als dritte Entwicklungsphase eine zunehmende Ideologisierung der Theorie. Sie ist auf der einen Seite assoziiert mit dem

1 Ursprung und Entwicklung der Individualpsychologie

Niedergang der Reformbewegungen im »Roten Wien«, auf der anderen Seite bildet sie einen Reflex auf das Erstarken des Faschismus in Europa und vor allem in Deutschland. Diese Entwicklung in der Individualpsychologie wird maßgeblich von Schülern Adlers initiiert, die sich als Teil der politischen Linke gegen das aufkommende Hitler-Regime zur Wehr setzen. Adler selbst steht ihren Bestrebungen skeptisch bis ablehnend gegenüber. Von seiner Seite verfolgt er den Aufbau der Individualpsychologie in den USA. Gleichzeitig setzt er sich mit großem Engagement für den Erhalt des Friedens in Europa und der Welt ein (▶ Kap. 1.3).

1.1 Die individualpsychologische Theoriebildung in der Nähe und Distanz zur Psychoanalyse Freuds

1.1.1 Zu den Anfängen – der Sozialmediziner Alfred Adler

Der 1870 in Wien geborene Alfred Adler ist Zeuge des gesellschaftlichen Wandels und der sozialen Umbrüche seiner Zeit. In seine Kindheit und Jugend fällt das glanzvolle Wien des Adels und des reichen Bürgertums, aber auch das der in ihrer Existenz bedrohten breiten Massen. Das grassierende Gründungsfieber verhilft seinen Gewinnern zu vorher nie gekanntem Wohlstand, beschert seinen Verlierern jedoch die Verarmung und ein Leben an den Rändern der Gesellschaft. Tiefe ökonomische Krisen führen zu sozialen Spannungen und befördern das Entstehen einander bekämpfender rechter und linker Massenparteien. Wachsende Nationalismen in den Bevölkerungsgruppen spalten den Vielvölkerstaat und treiben ihn in den 1. Weltkrieg hinein.

Diese Zeit des gesellschaftlichen Wandels und der Gegensätze wirkt sich auch auf Adlers unmittelbaren Lebensbedingungen aus. Sein Vater Leopold, ein aus Ungarn stammender Getreidehändler, verliert aufgrund der rapiden wirtschaftlichen Veränderungen das Vermögen, so

1.1 Die individualpsychologische Theoriebildung

dass die Familie Adler mit ihren sieben Kindern – Alfred Adler ist der Zweitgeborene – auf die Unterstützung anderer Zweige der Familie angewiesen ist.[1] Diese Tatsache ist für ihn ebenso prägend wie sein angegriffener Gesundheitszustand. Er leidet in der Kindheit an Rachitis und an Stimmritzenkrämpfen mit nächtlichen Erstickungsanfällen. Trotz seiner körperlichen Anfälligkeit lernt der Junge, sich gegenüber den kräftigeren Kameraden zu behaupten und entwickelt gleichzeitig ein Gefühl für Schwächere. Da er in den jungen Jahren immer wieder auf ärztliche Hilfe angewiesen ist, beschließt er, selbst Arzt zu werden. Der Tod seines jüngeren Bruders, den Alfred Adler miterleben muss, stärkt ihn in seinem Entschluss. Der Bruder verstirbt im gleichen Bett, ohne dass der kleine Alfred Hilfe leisten kann.

Zu seinem Berufsziel Arzt sagt Adler selbst: »...ich habe ein Ziel festgesetzt, von dem ich erwarten durfte, dass es meiner kindlichen Not, meiner Furcht vor dem Tode ein Ende machen konnte. Es ist klar, dass ich von dieser Berufswahl mehr erwartet habe, als sie leisten konnte: den Tod, die Todesfurcht überwinden, das hätte ich eigentlich von menschlichen Leistungen nicht erwarten dürfen...« (zit. nach Rattner 1981, S. 13).

Nach der Schulzeit immatrikuliert sich Adler 1888 an der Medizinischen Fakultät der Universität Wien mit dem Ziel, nach Studienabschluss als praktischer Arzt tätig zu werden. 1895 beendet er das Studium und arbeitet als Augenarzt an der Universitätsaugenklinik.

In seiner Studienzeit befasst sich Adler mit Marxismus, Philosophie, Geistes- und Kulturwissenschaften. Er diskutiert diese Themen in intensiven Gesprächen mit Freunden vorzugsweise bei Treffen in Wiener Kaffeehäusern. Diese Vorliebe zum zwanglosen Gedankenaustausch zu philosophischen und sozialen Fragen behält er auch später bei, als er in Wien und international zu einer prominenten Persönlichkeit geworden ist (Hoffman 1997).

---

[1] Eine ausführliche Darstellung der Lebensgeschichte Alfred Adlers findet sich in der Biografie von Schiferer et al. (1995), in der der Werdegang Adlers anhand von Dokumenten und Bildmaterial detailreich beschrieben wird. Zudem vermittelt die Biografie von Hoffman (1997) wichtige Informationen zu diesem Thema.

Im Jahre 1897 heiratet Adler die 24-jährige Russin Raissa Timofejewna Epstein. Von ihr ist bekannt, dass sie Kontakt zur russischen Revolutionsbewegung hat und dem Kreis um Trotzki nahesteht. Aus der Ehe gehen vier Kinder hervor.

1898 eröffnet Adler seine ärztliche Allgemeinpraxis in einem Arme-Leute-Viertel unweit des Wiener Praters. Seine Patienten stammen vorwiegend aus der unteren Mittelschicht mit überwiegend jüdischer Herkunft. Dass seine Klientel nicht reich ist, ist für Adler ohne Belang. Er will als Arzt die Welt verändern und keine Reichtümer erwerben. Durch seinen angenehmen Umgang mit den Kranken ist er von Kollegen und Patienten alsbald hochgeschätzt (Hoffman 1997). Im selben Jahr erscheint seine erste medizinische Veröffentlichung als Broschüre in der Reihe »Wegweiser der Gewerbehygiene«. Sie befasst sich unter dem Titel »Gesundheitsbuch für das Schneidergewerbe« (Adler 1898) mit den Arbeits- und Lebensbedingungen von Schneidern und deren Erkrankungen. In ihm stellt Adler den Zusammenhang zwischen ökonomischer Lage und Krankheiten her. Er kritisiert die zeitgenössische Medizin, die das Vorhandensein sozial verursachter Krankheiten ignoriert, und stellt die Notwendigkeit für arbeitsmedizinische Untersuchungen und eine sozialere Gesetzgebung heraus. Die Schrift schließt mit einem fast modernen Forderungskatalog ab. Er umfasst Punkte wie die konsequente Durchsetzung bestehender Arbeitsschutzregelungen, die Forderung nach Unfallversicherung auch für Kleinbetriebe, nach Pflichtversicherungen für Ruhestand und Arbeitslosigkeit und nach einer maximalen Wochenarbeitszeit. Auch setzt er sich für die Trennung zwischen Arbeits-und Wohnbereich bei Schneidern sowie das Verbot der Zahlung von Akkordlöhnen ein und drängt auf die Errichtung angemessener Wohnungen und Speisesäle.

Dieser Veröffentlichung folgen in den Jahren 1902 und 1903 vier weitere sozialmedizinische Beiträge, die sich mit dem Zusammenhang zwischen sozialem Elend und Krankheit befassen. Adler richtet sich an den sozial engagierten Arzt und stellt die Notwendigkeit der Prävention von Krankheiten als die bedeutendste Aufgabe der modernen Medizin dar. Auch greift er den zu dieser Zeit vor allem in den angloamerikanischen Ländern populären Public-Health-Gedanken zur Bekämpfung der grassierenden Infektionskrankheiten auf. Zur Verbesserung der öffentlichen Hygiene schlägt er als wichtigen Schritt die Einrichtung eines Lehrstuhls für Sozialmedizin an der Medizinischen Fakultät vor (Adler 1902a, b). Ferner beteiligt er sich an aktuellen sozialpolitischen Debatten zu den Folgen der immer rapider fortschreitenden Industrialisierung und Urbanisierung (Adler 1903a). Dabei vertritt er Ansichten der Sozialdemokratie sowie die Ideen des Arztes und Sozialreformers Rudolf Virchows zur Sicherung der medizinischen Grundversorgung der Bevölkerung (Adler 1903b).

Seine sozialreformerischen Bestrebungen lassen bereits die Einstellung erahnen, mit der er seine spätere psychologische Theorie und Praxis vertreten wird. In ihnen nimmt die Erziehung einen zentralen Stellenwert ein, um soziale Verbesserungen herbeizuführen. Ebenso wie er 1902 für eine Lehrkanzel für soziale Medizin plädiert, wird er sich fast zwanzig Jahre später für die Einrichtung einer Lehrkanzel für Heilpädagogik (heute: Sonderpädagogik) als zentraler Stelle zur Bekämpfung von Verwahrlosung und Delinquenz bei Kindern und Jugendlichen einsetzen (Adler 1920, 1974).

1.1.2 Die Begegnung mit Freud – von der Entdeckung der Gemeinsamkeiten bis zur Trennung

Im Jahr 1902 erfolgt die erste Begegnung zwischen Adler und Freud. Die Umstände der Begegnung sind nicht genau reproduzierbar. Eine Version lautet, dass der Begründer der Psychoanalyse auf Adler durch einen Artikel aufmerksam wurde. In ihm soll dieser Freuds Werk »Die Traumdeutung« gegen Anfeindungen verteidigt und eine ernsthafte Auseinandersetzung der Ärzteschaft mit Freuds Gedanken verlangt haben. Daraufhin erfolgt per Brief die Einladung Adlers zu den Diskussionsabenden in Freuds Wohnung, die später als Psychologische Mittwochsgesellschaften bekannt werden (Bruder-Bezzel und Lehmkuhl 2011).

Eine andere, von Freud vertretene Version besagt, dass eine Gruppe von Ärzten – darunter Adler – mit der Bitte um psychoanalytischen Unterricht an ihn herangetreten sei (Freud 1924). Er sei dem Wunsch entgegengekommen und habe die Interessenten und damit auch Adler zu den wöchentlich stattfindenden Mittwochsgesellschaften eingeladen. Es steht fest, dass die Diskussionsabende entscheidend für die psychologische Ausrichtung in den weiteren Arbeiten Adlers sind. Der Einfluss Freuds zeigt sich in Veröffentlichungen, in denen Adler sich – eng an Freuds Gedanken anlehnend – mit Fragen zur Sexualpädagogik und mit psychoanalytischen Beobachtungen zu Fehlleistungen befasst (Adler 1905a, 1977, 1905b). Gleichzeitig ist er bestrebt, an eigenen Gedanken und Erfahrungen festzuhalten. So veröffentlicht er 1904 die Schrift »Der Arzt als Erzieher«, in dem er das Grundthema der eigenen Theorie umreißt. Er beschreibt darin den Zusammenhang zwischen körperlicher und seelischer Schwäche und leitet daraus pädagogische Prinzipien zu ihrer Überwindung ab. Er fordert eine erzieherische Haltung, die statt durch Bestrafung durch Zuwenden, Loben und Ermutigen die eigenen Kräfte stärkt. Auf diese Weise entwickelt er weitgehend unabhängig von Freud die ersten Ansätze eines Behandlungskonzeptes, das später in der individualpsychologischen Theoriebildung weiter ausgeformt wird.

Von Beginn seiner Teilnahme an den Mittwochsgesellschaften offenbart sich somit eine gewisse Distanz Adlers zu den von Freud in die Runde gebrachten theoretischen Vorgaben. Die allmählich sich herauskristallisierenden Widersprüche führen bei Adler bereits 1904 zu der Bereitschaft, die Mittwochs-Gesellschaft zu verlassen. Auf die Ankündigung seines Austritts hin gelingt es Freud, ihn zum Bleiben zu überreden.

Die sich verschärfenden Meinungsunterschiede zwischen Adler und Freud haben ihren Ausgangspunkt in der unterschiedlichen Bewertung der Libido als Quelle der seelischen Dynamik. Adler wendet sich gegen das von Freud vertretene Dogma, dass alle Neurosen nur auf Triebverdrängung und Ödipuskomplex zurückgeführt werden müssen. Er sieht in der sexuellen nur eine, wenn auch sehr wichtige Teilkomponente des menschlichen Lebens.

Das eigenständige Denken findet seinen Ausdruck in dem 1907 veröffentlichten Buch zur »Studie über die Minderwertigkeit von Organen« (Adler 1907, 1977). Hierin stellt Adler das Konzept der Organminderwertigkeit vor. Auch wenn er diesen Ansatz als Beitrag zu

1.1 Die individualpsychologische Theoriebildung

psychoanalytischen Theoriebildung auffasst, stimmt er kaum noch mit den Vorstellungen Freuds überein.

Der Widerspruch zwischen beiden wird offenkundig, als Adler 1908 in seinem Vortrag zum »Sadismus in Leben und Neurose« (Adler 1908, 1976) sein Aggressions-Konzept vorstellt. Darin betont er, dass Aggression ein Wechselspiel aus verschiedenartigen instinktiven Trieben darstellt und unabhängig von Sexualität und Libido vorhanden sei. Auch wenn Freud die Existenz aggressiver menschlicher Impulse bestätigt, kann er Adlers Behauptung eines neben dem Sexualtrieb zweiten übergeordneten Triebes nicht gelten lassen, denn: »was Adler den Aggressionstrieb heiße, das sei unsere Libido« (Protokolle, Bd. I, 1908-1909, 1976, S. 382f.).

Offen tritt der Dissens anlässlich Adlers Vortrag »Über die Einheit der Neurosen« (1909, 1977) zutage. Freud widerspricht in jeder Hinsicht seinen Befunden. Er wirft ihm vor, durch die absichtliche Elimination des Sexuellen Bewusstseins- und Ich-Psychologie zu betreiben. Die Auseinandersetzung zwischen beiden verschärft sich anlässlich der Veröffentlichung Adlers zum Thema »Der psychische Hermaphroditismus im Leben und in der Neurose« (Adler 1910a, 1914, 1973). In dieser Arbeit setzt er an die Stelle eines angeborenen Aggressionstriebs den emotionalen Zustand der Minderwertigkeit als »eine teils bewusste, teils unverstandene Stellungnahme den Aufgaben des Lebens gegenüber« (vgl. Ansbacher und Ansbacher 1982, S. 58). Mit der Vorstellung des Minderwertigkeitsgefühls als Dreh- und Angelpunkt seelischer Entwicklung stellt er bewusst das Triebkonzept Freuds in Frage (Hoffman 1997). Dennoch sieht sich Adler weiterhin als ein loyaler Repräsentant der psychoanalytischen Schule. Getragen von der Vorstellung, dass die Wissenschaft der Psychoanalyse mehr umfasst als Freuds Vorstellung von der kindlichen Sexualität, scheint er davon ausgegangen zu sein, Freud durch die Macht des Faktischen von der Richtigkeit seiner Annahmen überzeugen zu können.

Die Ausführungen Adlers und die damit verbundenen Diskussionen führen zu einer erheblichen Polarisierung innerhalb der Mittwochsgesellschaft. Zwischenzeitlich um etliche Mitglieder gewachsen, teilt sich diese in zwei Lager auf. Der Ton zwischen den Pro-Adler- und den

Pro-Freud-Anhängern erfährt anlässlich des 2. Internationalen Psychoanalytischen Kongresses in Nürnberg im Jahre 1910 eine drastische Zuspitzung. Um ein Auseinanderbrechen der psychoanalytischen Vereinigung zu vermeiden, schlägt Freud im Anschluss an den Kongress Adler zur Wahl als Vorsitzenden und späteren Präsidenten der »Wiener psychoanalytischen Vereinigung« vor. Auch soll er die Aufgabe der Schriftleitung des Zentralblattes für Psychoanalyse (zusammen mit Freud und Stekel) übernehmen. Diesem diplomatischen Schachzug stimmen beide Parteien zu. Freud wird in die neu geschaffene Position des »wissenschaftlichen Vorsitzenden« gewählt.

Dennoch bleiben die Widersprüche zwischen den beiden Kontrahenten unvermindert bestehen. Auf Initiative Freuds wird Adler zu zwei Vorträgen eingeladen, »um die Adlerschen Lehren einmal im Zusammenhang und insbesondere in Hinblick auf die Divergenz gegenüber der Freudschen Lehre eingehend zu diskutieren, um, wenn möglich, eine Verschmelzung beider Anschauungen oder mindestens eine Klärung der Differenz zu erzielen« (Protokolle, Bd. III, 1910–1911, 1979, S. 62). Adler nimmt diese Aufforderung als ein Entgegenkommen Freuds wahr, während dieser Adler mit dem Schritt zu einer Entscheidung für oder gegen ihn zwingen will.

Der erste Vortrag trägt den Titel »Die Rolle der Sexualität in der Neurose« (Adler 1914a, 1973), der zweite steht unter der Überschrift: »Verdrängung und männlicher Protest«: ihre Rolle und Bedeutung für die neurotische Dynamik« (Adler 1914b, 1973). In beiden Vorträgen hebt Adler die bahnbrechenden Erkenntnisse Freuds über die Rolle der Sexualität in der Neurose hervor. Dennoch bleibt er bei seiner Auffassung, dass nicht die Lust, sondern die Überwindung eines drückenden Gefühls von Minderwertigkeit das Hauptziel psychischer Aktivitäten darstellt. Sowohl Normale als auch Neurotiker leiden unter Minderwertigkeit, da sie durch biologische, pädagogische, soziale und kulturelle Gründe determiniert sei. In das Streben nach Überwindung des Defiziterlebens ist die Sexualität eingebunden.

Auf die heftige Kritik zu seinen Aussagen legt Adler seine Position als Vorsitzender der psychoanalytischen Vereinigung wegen »Inkompatibilität seiner wissenschaftlichen Stellung und seiner Stellung im Verein« nieder (Protokolle, Bd. III, 1910-1911, 1979, S. 172). Er erklärt mit einigen Gleichgesinnten seinen Austritt aus dem Kreis und wendet sich der Gründung einer eigenständigen Vereinigung zu.

Einen Grund für die unüberbrückbare Kluft zwischen Freud und Adler sieht Sperber (1983) in den unterschiedlichen Persönlichkeiten beider Protagonisten. Freud ist eher introvertiert, Adler eher extravertiert. Von seinem Biografen Rattner (1974) wird er wird als umgänglicher und kontaktfreudiger Mensch beschrieben.»Er liebte humorvolle Gespräche, und ein Teil seiner Theorien wurden im Kaffeehaus-Geplauder mit seinen Schülern entwickelt... Adler gab sich uprätentiös...Er hatte nicht den Ehrgeiz, als Intellektueller zu brillieren. Freud hingegen ist voll intellektualistischer Energie, seine ...Theorien überbieten sich an Kompliziertheit und Undurchschaubarkeit... Adler war menschlicher als Freud, Freud war gelehrter als Adler« (Rattner 1974, S. 40).

Zudem werden die unterschiedlichen Geschwisterkonstellationen beider Kontrahenten als Erklärung herangezogen. Als Zweitgeborener hat Adler eine kämpferische Haltung gegenüber seinem älteren Bruder Sigmund eingenommen, so dass er den älteren Freud nicht als Autorität akzeptieren kann. Das Muster Freuds, als Erstgeborener im jüngeren Bruder seinen intimen Freund und gegnerischen Rivalen gleichzeitig zu sehen, lässt die Auseinandersetzung zwischen beiden eskalieren.

Auch unterscheiden sich die Kontrahenten in Bezug auf ihre Einstellungen und Werthaltungen. Adler ist dem sozialdemokratischen Spektrum zuzuordnen und vor seiner Zuwendung zur Psychoanalyse in der Sozial- und Allgemeinmedizin praktisch tätig. Sein Bemühen gilt der Verbesserung der gesundheitlichen Lage der von ihm behandelten Patienten aus der Unter- bzw. Mittelschicht. Wissen-Wollen ist bei ihm dem Helfen-Wollen gleichgestellt (Rattner 1974). Freud hingegen ist viel mehr vom wissenschaftlichen Erkenntnisstreben als vom therapeutischen Ethos geleitet. Zudem stammen seine Patienten vorwiegend aus gesellschaftlichen Kreisen ohne ökonomische Zwänge, die mit ihren sexuellen Problemen um Hilfe suchen.

Eine weitere Vermutung für die Heftigkeit der Reaktionen Freuds auf Adlers abweichende Gedanken ist, dass Freud um die wissenschaftliche Anerkennung seiner Schule kämpfen muss. Aus diesem

Grunde darf der Wahrheitsgehalt seiner Erkenntnisse von niemandem aus seinem Kreis ernsthaft in Frage gestellt werden.[2] Dazu passt der wissenschaftshistorische Hintergrund, vor dem sich die Freud-Adler-Kontroverse abspielt. Die Naturwissenschaften in der damaligen Zeit schaffen fortgesetzt neue Erkenntnisse, die den Forschern wissenschaftlichen Ruhm, Einfluss und Reichtum einbringen. Freud empfindet sich als Entdecker des Unbewussten und damit gleichsam als Eroberer von Neuland. Diesen Ruhm, den er sich gegen alle Widerstände der akademischen Welt erkämpfen muss, soll er mit keinem teilen müssen (Hoffman 1997).

Welche der genannten Gründe für die Trennung zwischen Freud und Adler ausschlaggebend gewesen sein mag, kann nicht abschließend beurteilt werden. Sicher ist, dass der im Herbst 1911 herbeigeführte Bruch und die Abwendung Adlers von der Psychoanalytischen Vereinigung den Beginn der Individualpsychologie als eigenständiger Lehre zur Entstehung und Behandlung neurotischer Störungen darstellt.

1.1.3 Die Entwicklung der Individualpsychologie als eigenständige Theorie

Nach seinem Ausscheiden gründet Adler 1911 die Vereinigung für Freie Psychoanalytische Forschung. Mit der Namensgebung soll die Verbundenheit mit der Psychoanalyse als Wissenschaft und Behandlungsmethode, gleichzeitig auch die Abgrenzung zu Freud dokumentiert werden. Im Jahre 1913 erfolgt die Umbenennung zum »Verein für Individualpsychologie«. Der neue Name betont das holistische Verständnis Adlers von der Unteilbarkeit des Menschen als biologisch-seelisch-sozialem Wesen. Die Namenswahl versteht sich auch als Abgrenzung zu Freud und seinem Es-Ich-Überich-Schichtenmodell der Persönlichkeit.

---

2 Aufgrund der dogmatischen Einstellung Freuds ereilt andere Dissidenten dasselbe Schicksal wie Alfred Adler. Zu den prominentesten zählt C.G. Jung, der nach seiner Kritik am Libido-Begriff und daraus folgenden spannungsreichen Auseinandersetzungen im Jahre 1914 die psychoanalytische Vereinigung verlässt. Ihm folgen Ferenczi, Stekel u. a.

1.1 Die individualpsychologische Theoriebildung

Einen wichtigen Meilenstein, mit dem sich die Individualpsychologie als Alternative zur Psychoanalyse etabliert, stellt das 1912 erschienene Buch Adlers mit dem Titel »Über den nervösen Charakter. Grundzüge einer vergleichenden Individualpsychologie und Psychotherapie« (Adler 1912, 1972) dar. Es gilt als eines seiner Hauptwerke, in dem er seine ganzheitliche Auffassung vom Seelenleben vorstellt: erst die Kenntnis des auf ein unbewusstes Ziel ausgerichteten Lebensplans als einer zentralen Steuerungsinstanz ermöglicht ein Verständnis des Menschen in seinen körperlich-seelischen und sozialen Bezügen.

Selbstverständnis und Programmatik der Individualpsychologie kommen erstmals in dem von Adler und dem Pädagogen Carl Furtmüller herausgegebenen Sammelband »Heilen und Bilden« (Adler und Furtmüller 1914, 1973) umfassend zum Ausdruck. Das Lehrbuch richtet sich an Ärzte und Pädagogen und setzt seinen Schwerpunkt auf eine effektive Neurosenprophylaxe durch einen bestätigenden und ermutigenden Erziehungsstil bei Kindern. 1914 erscheint auch das erste Heft der »Zeitschrift für Individualpsychologie« mit Alfred Adler als Herausgeber und Carl Furtmüller als Schriftleitung. Die Zeitschrift wird während des 1. Weltkriegs in der Schweiz weitergeführt, während die Vereinsaktivitäten in Wien fast vollständig zum Erliegen kommen.

Die Erfahrungen aus dem 1. Weltkrieg, den Adler als Militärarzt miterlebt, hinterlassen bei ihm einen tiefen Eindruck. Die Ursachen für die kriegerischen Verwüstungen, die sich Menschen gegenseitig antun, sieht er in dem zwischenmenschlichen Mangel an Mitleid, Altruismus und Empathie begründet. Er wird herbeigeführt durch Gefühle von Minderwertigkeit und Unzulänglichkeit und aus dem daraus folgenden Überwindungs- und Machtstreben. Dieser Gedanke führt ihn zu der Formulierung des Gemeinschaftsgefühl-Konzepts als weiteren zentralen Theoriebaustein der Individualpsychologie. Personen, die über ein gesundes Selbstwertgefühl verfügen, besitzen ein hohes Maß an sozialem Interesse (Gemeinschaftsgefühl) und sind bestrebt, es auch bei anderen zu fördern. Daraus ergibt sich die Aufgabe, Menschen und insbesondere Kindern in der Überwindung ihrer Minderwertigkeit so zu helfen, dass sie auch für ihre Mitmenschen Gemeinschaftsgefühl entwickeln können. Die Aufgabe der Wissenschaft, vor allem der Psychologie und Pädagogik, ist es, diesen Charakterzug weltweit zu propagieren und damit einen Beitrag zur Friedenssicherung zu leisten.

Die Einführung des Gemeinschaftsgefühl-Konzepts in die individualpsychologische Lehre ist nicht unumstritten. Einige Mitglieder verlassen die Vereinigung und protestierten damit gegen die ethische, fast religiöse Konnotation dieses Begriffs (Hoffman 1997). Auf der anderen Seite erhält Adler Unterstützung durch die internationale Anerkennung seiner Arbeit, die durch die Übersetzung seiner wichtigsten Schriften ins Englische starken Auftrieb bekommt.

Gegen Ende des Krieges und in den ersten Friedensjahren tritt er mit verschiedenen Arbeiten zur Entstehung von Homosexualität bzw. Kriegs- bzw. Zwangsneurosen hervor (Adler 1918, 1920, 1974). Bei letzterer geht er auf die Geschwisterreihenfolge in ihrer Bedeutung für die krankhafte Entwicklung ein. Dieser Aspekt wird später in der individualpsychologischen Diagnostik und Therapie als ätiologisch bedeutsamer Faktor eine wichtige Rolle spielen (▶ Kap. 3.4.2). In einer anderen Arbeit sieht er im Romanwerk des russischen Autors Dostojewski die individualpsychologischen Grundannahmen zur Logik des menschlichen Zusammenlebens meisterhaft dargestellt (Adler 1920, 1974). Auch kommt er auf den Gedanken der Neurosenprophylaxe durch Erziehung zurück. Er sieht vor allem die Ärzte in der Pflicht, aufgrund ihres Fachwissens an der Bildung von dem Gemeinwohl verpflichteten Menschen mitzuwirken (Adler 1918, 1982). Dieser Ansatz, über den Bereich der Krankenbehandlung hinaus durch pädagogische Maßnahmen präventiv tätig zu werden, wird zum Anknüpfpunkt für die weitere Entwicklung der Individualpsychologie nach Ende des 1. Weltkriegs.

1.2 Die Blütezeit der Individualpsychologie als Psychologie der Reformbewegung

In die politischen Umbrüche nach Zusammenbruch der Habsburg-Dynastie ist Adler mit eingebunden. In Österreich, das als Vielvölkerstaat aufgehört hat zu existieren, herrscht Arbeitslosigkeit, Not und Hunger, so dass sich in der Bevölkerung rasch eine revolutionäre Stimmung ausbreitet. Es kommt zur Bildung von Arbeiter-Komitees vor allem in Wien. Adler, der sich selbst als »intellektuellen Marxisten« betrachtet, ist Mitglied eines solchen, lehnt aber – abgeschreckt und empört von den Geschehnissen in Russland – die gewaltsame Errichtung der Diktatur des Proletariats massiv ab. Sie basiere auf reinem Machtstreben und sei damit zum Untergang verurteilt (Hoffman 1997).

Die Individualpsychologie wird Teil der sozialdemokratischen Bewegung, die aus den Unruhezeiten (zwischen 1918 und 1919) als stärkste politische Kraft hervorgeht. Sie schafft im »Roten Wien«, das als Modell sozialdemokratischer Reformen für ganz Österreich dienen soll, Reformprojekte für das Schulwesen und die Volksbildung.[3] Ziel ist die Entwicklung einen »neuen Menschen« durch Erziehung und Bildung, um den Wandel von einer Monarchie zu einer demokratischen Gesellschaft zu vollziehen. Auch soll der Unzahl von Kindern und Jugendlichen, die als Folge von Krieg und materieller Not verwahrlost und vernachlässigt ist, durch Erziehung der Weg in ein besseres Leben geebnet werden.

Die Vorstellung der Schulreformer ist, Stätten des Lernens in partnerschaftlicher Kooperation zwischen Schülern, Eltern und Lehrern entstehen zu lassen. Dazu müssen neue Lehrpläne und -methoden eingeführt werden, die den aus der Kaiserzeit stammenden Schul-Drill ablösen. Für diese Aufgabe zuständig ist der mit Adler eng verbundene Carl Furtmüller (1880–1951). Aufgrund seiner persönlichen und inhaltlichen Nähe zu Adler wird die Individualpsychologie zur dominanten psychologischen Richtung der Reformbewegung. Als ihr prominentester Vertreter lehrt Adler in der größten Volkshochschule Wiens, dem Volksheim, über »Menschenkenntnis«. Mit der Zahl der Zuhörer steigt auch der Bedarf an Hilfe, so dass es auf Betreiben Adlers zur Einrichtung der ersten Erziehungsberatungsstellen an Volksbildungshäusern kommt.

---

3 »Der Siegeszug der Individualpsychologie lebte von dem Aufschwung der SPÖ – der Niedergang des Roten Wiens und der Reformpolitik leitete auch ihren Niedergang ein.« (Bruder-Bezzel, 1999, S. 59).

1 Ursprung und Entwicklung der Individualpsychologie

Mit dem 1920 erschienenen Sammelband zur »Praxis und Theorie der Individualpsychologie – Vorträge zur Einführung in die Psychotherapie« (Adler 1920, 1974) stellt er die Grundannahmen seiner Theorie und die daraus abzuleitenden Behandlungsmöglichkeiten dar. Dieses Werk wird zur Basis der Ausbildung individualpsychologisch geschulter Psychiater und Psychologen, die in den folgenden Jahren individualpsychologische Erziehungsberatung an Schulen und Elternvereinen anbieten. Im Zuge der Reformpädagogik steigt die Zahl der Erziehungsberatungsstellen in Wien von vier im Jahr 1923 auf 17 im Jahr 1926. Daneben werden eine Ehe-und Sexualberatungsstelle, ein Erziehungsheim und eine Ambulanz für schwer erziehbare und sprachgestörte Kinder eingerichtet.

Adler, der mit öffentlichen Vorträgen und Kursen unermüdlich an der sozialreformerischen Bewegung teilnimmt, wird 1923 auf Initiative Furtmüllers Dozent am Pädagogischen Institut der Stadt Wien. 1924 erfolgt die Ernennung zum Professor am Fachbereich Heilpädagogik des Pädagogischen Instituts. Aus seinen Vorlesungen, Seminaren und Kursen entstehen später seine Schriften »Menschenkenntnis« (1927a, 1966), »Die Technik der Individualpsychologie« (mit den Unterteilen: »Die Kunst, eine Krankengeschichte zu lesen« (Adler 1928a, 1974) und »Die Seele des schwer erziehbaren Schulkindes« (Adler 1930b, 1974) sowie »Individualpsychologie in der Schule« (1929, 1973). Ab 1926 bestätigt der Verein für Individualpsychologie eine individualpsychologische Ausbildung für Ärzte, Heilpädagogen und Fürsorger, wenn diese in Seminaren und Ambulanzen theoretische und praktischklinische Erfahrungen in individualpsychologischer Behandlung gesammelt haben.

Parallel zu den Entwicklungen in Österreich wird die Individualpsychologie im Ausland zunehmend bekannt. In Deutschland etablieren sich Arbeitsgruppen in München und Berlin. 1922 findet der Erste Internationale Kongress für Individualpsychologie in München statt, 1925 ist Berlin der Austragungsort für den Folgekongress. In der Ärzteschaft wird die Individualpsychologie neben der Psychoanalyse als zweite große tiefenpsychologische Schule betrachtet.

Zu ihrer internationalen Verbreitung trägt die »Internationale Zeitschrift für Individualpsychologie«, die 1923 ihre Publikationstätigkeit aufnimmt, ebenso bei wie die englische Übersetzung des Buches »Praxis und Theorie der Individualpsychologie«. In dieser Zeit treten zudem Schüler Adlers mit eigenen Veröffentlichungen und Schriftenreihen in Erscheinung. Wexberg (1926, 1987) beschreibt im zweibändigen »Handbuch der Individualpsychologie« den Stand der Individualpsychologie der damaligen Zeit. Seif und Kaus (1926) geben zusammen mit Adler die Schriftenreihe »Individuum und Gemeinschaft« heraus, ab demselben Jahr veröffentlichen Alice und Otto Rühle die Reihe »Schwererziehbare Kinder«. Als weitere individualpsychologische Autoren finden Lazarsfeld (1926) sowie Neumann (1926) Beachtung. 1925 werden in Berlin bzw. 1926 in Düsseldorf zwei weitere Internationale Kongresse für Individualpsychologie veranstaltet.

Für Adler beginnt in der zweiten Hälfte der 1920er Jahre eine rege Reise- und Vortragstätigkeit durch Europa und den USA. 1926 lehrt er in Übersee an der Columbia University New York, dem Long Island College und der New School for Social Research. Zu dieser Zeit kommt sein Buch »Menschenkenntnis« in deutscher und englischer Sprache heraus. Es wird in den USA zum Bestseller, da es mit seiner optimistischen Auffassung von der permanenten Veränderbarkeit des Menschen den Geschmack einer breiten Öffentlichkeit zu treffen scheint. In dem Buch stellt Adler scharfblickend die heute durch die psychologische Forschung bestätigte Behauptung auf: »Es sind nicht unsere objektiven Erfahrungen, die uns vom geraden Entwicklungsweg abbringen, sondern unsere persönliche Einstellung ... und die Art, in der wir die Geschehnisse bewerten und gewichten« (Adler 1927a, 1966, S. 217).

In Europa wächst der Einfluss der Individualpsychologie stetig an. Es werden 33 individualpsychologische Vereinigungen in 16 verschiedenen Ländern gegründet. Neben dem Wiener Ausbildungsseminar etabliert sich in Berlin ein Institut (unter der Leitung von Künkel und Sperber), das eine Ausbildung nach festen Lehrplänen anbietet. Viele Vorträge zu individualpsychologischen Themen werden an Volkshochschulen abgehalten, ebenso steigt die Zahl von Erziehungsberatungsstellen bis zu Beginn der 1930er Jahre weiter an. Zwischen 1926 und 1930 kommen in Wien zwei individualpsychologische Ambulanzen

(1926, 1930) und ein Ambulatorium (1929) hinzu. 1931 erfolgt noch die Einrichtung einer individualpsychologischen Versuchsschule unter der Leitung von Oskar Spiel.

1.3 Zwischen Niedergang und Fortbestand – Die Individualpsychologie in den 1930er Jahren

Innerhalb der Individualpsychologie kommt es in der zweiten Hälfte der 1920er Jahre zu großen Spannungen. In Wien, Berlin und Dresden spalten sich marxistische Arbeitsgruppen ab, die Gedanken von Marx mit den Ideen Adlers zu verbinden suchen. In Wien folgt auf die Spannungen zwischen jüngeren, marxistisch orientierten Anhängern und älteren konservativen Kollegen eine Austritts- bzw. Ausschlusswelle aus der Fachgesellschaft. Zu den prominentesten Vertretern, die die Gesellschaft verlassen, zählt Viktor Frankl, der spätere Begründer der Logotherapie.

Adler versucht, sich gegenüber den verschiedenen Strömungen innerhalb der individualpsychologischen Vereinigung diplomatisch zu verhalten. Gleichermaßen befürchtet er, dass die Verbindung der Individualpsychologie mit klassenkämpferischen Parolen den politischen Widerstand gegen dringend notwendige erzieherische Reformen geradezu herausfordert und damit die Umsetzung seiner Ideen zerstören könnte. Seine dennoch verbindliche Haltung gegenüber der marxistischen Gruppe sieht sein Biograf Hoffman (1997) in der Überzeugung Adlers begründet, dass man sich im Streben nach Gemeinwohl unvermeidlich mit unterschiedlichsten Menschen zusammenzuschließen muss. Diese Haltung verhindert nicht das Entstehen von Sonderwegen: auf der einen Seite entwickelt sich Ende der 1920er Jahre eine religiös getönte Ausrichtung unter der Führung von Allers und Künkel, auf der anderen Seite eine marxistische Orientierung mit Sperber als einem ihrer Wortführer.

1.3 Zwischen Niedergang und Fortbestand

1928 erhält Adler eine Dozentur an der New School for Social Research in New York. Er hat damit erstmalig Gelegenheit, amerikanische Fachleute in Individualpsychologie auszubilden. Im selben Jahr bekommt er die Ehrendoktorwürde der juristischen Fakultät am Wittenberg College in Springfield/Ohio angetragen. Seine Vorlesungen an der New School for Social Research, in denen er seine Interview-Methoden an Kindern und Eltern vorstellt, werden 1930 als »The Pattern of Life« in Buchform veröffentlicht. 1931 schließt sich »What should life mean to you« (»Wozu leben wir«) an.

Mit der Unterstützung seines amerikanischen Freundes und Multimillionärs Charles Henry Davies wird Adler 1929 eine Gastprofessur für Medizinische Psychologie an der renommierten Columbia University angetragen. Gegen den politisch motivierten Widerstand seiner Frau löst Adler sämtliche beruflichen Bindungen an Wien auf und tritt vom Vorsitz der Wiener Vereinigung für Individualpsychologie zurück. Er bezieht seine Wohnung in New York als neuem Lebensmittelpunkt, behält aber weiterhin den Kontakt zu seiner Familie aufrecht. Möglicherweise auf Betreiben von Psychoanalytikern, die mit einem Abtrünnigen Freuds nicht an der Fakultät zusammenarbeiten wollen, wird Adler eine dauerhafte Professur an der Columbia University verwehrt. In Folge zieht er sich von der Universität zurück, bleibt aber mit seinem Arbeits- und Lebensschwerpunkt in Amerika.

Bei einer seiner Rückkehren nach Wien im Sommer 1930 erhält Adler anlässlich seines 60. Geburtstages vom Wiener Stadtrat die Ehrenbürgerwürde der Stadt in Anerkennung seiner humanitären Leistungen. Einige Wochen später wird der 5. Kongress für Individualpsychologie mit über 2000 Teilnehmern in Berlin veranstaltet. Die Tagung steht im Schatten der heraufziehenden Nazi-Diktatur in Deutschland. Sie selbst ist geprägt von dem Zwist zwischen der marxistisch ausgerichteten Gruppe und den politisch eher gemäßigten Individualpsychologen (vgl. Schiferer 1995). Adler ist kaum in der Lage, die Richtungskämpfe einzudämmen und einer zunehmenden Zersplitterung der Vereinigung entgegenzuwirken.

Von den USA aus setzt Adler in den darauffolgenden Jahren seine ausgedehnten Vortragsreisen in Europa fort. 1932 initiiert er die erste »Sommerschule für Individualpsychologie«, die später in der Individualpsychologie eine feste Größe wird. Im selben Jahr erhält er am Long Island College of Medicine eine eigens für ihn eingerichtete Professur für Medizinische Psychologie und übernimmt eine Lehrklinik unter seiner Leitung.

1933 erscheint seine Schrift »Der Sinn des Lebens«, das als eines seiner Hauptwerke angesehen wird. In dem Buch findet sich ein missionarischer Ton, der für den »späten Adler« typisch wird (Handlbauer 1984). Bereits der Titel verweist darauf, dass es weniger um Psychologie als um Philosophie und um Weltanschauung geht. Für Adler wird die Individualpsychologie zur Wertepsychologie, da sie der Verwirklichung des Gemeinschaftsgefühls als letztem Ziel einer kosmischen Ordnung dient. Der Sinn des Lebens besteht in dem Beitrag, den jeder Einzelne auf diesem Weg zur Höherentwicklung der Menschheit leistet. Wer sich von diesem evolutionären Pfad entfernt, indem er sich durch ich-bezogene Motive gegen das Streben nach Herstellung einer idealen Gemeinschaft stellt, wird bei Adler zum Neurotiker. Mit diesen Ausführungen führt Adler verschiedene Gedankenstränge zusammen, von der Lamarck`schen Evolutionsbiologie über sozialdarwinistische Ansichten bis hin zu austro-marxistischen Ansätzen der idealen Gemeinschaft (= Sozialismus) als letzter Evolutionsstufe.

Von den USA aus sieht Adler die politische Katastrophe auf dem europäischen Kontinent voraus. Seine Schriften werden nach der Machtergreifung Hitlers ebenso wie die von Freud verbrannt. Zwar wird die Individualpsychologie von den Nationalsozialisten nicht im eigentlichen Sinne verboten. Sie wird aber soweit in ihrer Arbeit behindert, dass sie funktionslos wird. Während die deutschstämmigen Individualpsychologen weitgehend unbehelligt bleiben, müssen die deutsch-jüdischen Adlerianer und auch die politisch Aktiven mit Verfolgung und Verhaftung rechnen. Einige von ihnen, u. a. auch Sperber, können sich dem nur durch Emigration entziehen.

In Österreich beginnt der Anfang vom Ende der Individualpsychologie mit dem Sieg der Austrofaschisten im Jahr 1934 und mit der Errichtung des Ständestaates bei gleichzeitigem Verbot der Sozialdemokratie. Die Schulreformpolitik, die bereits vorher erlahmt ist, wird eingestellt, ihre prominentesten Vertreter werden der Ämter enthoben. Sie werden entweder inhaftiert oder zur Emigration gezwungen. Die

1.3 Zwischen Niedergang und Fortbestand

individualpsychologischen Lehraktivitäten an den Volkshochschulen und dem Pädagogischen Institut werden unterbunden, ihre Protagonisten wie Ferdinand Birnbaum oder Oskar Spiel kaltgestellt. Adler selbst gelingt es 1935 nach mehrmals vergeblichen Versuchen, seine Frau Raissa mit den Kindern Kurt und Alexander zur Emigration in die USA zu bewegen.

Der individualpsychologische Verein ist bis zum Anschluss Österreichs an Deutschland unter ständiger polizeilicher Kontrolle. Er versucht sich zu retten, indem der bisherige Vorstand durch Parteilose ersetzt wird. Auch soll die Distanzierung von marxistischen Strömungen innerhalb des Vereins sowie die Betonung seines wissenschaftlichen Charakters das sozialistische Image des Vereins vergessen machen (Schiferer 1998).

Gegen die Zerstörung seines Lebenswerks, auf eine harmonische, verständnisvolle und auf Gemeinschaftsgefühl bauende Gesellschaft hinzuwirken, versucht sich Adler von den USA aus nach Kräften zu wehren. Er unternimmt in den letzten Jahren seines Lebens eine Vielzahl von Vortragsreisen in alle Länder Europas mit Ausnahme von Deutschland, um für sein Denken zu werben. Obwohl er persönlich für sein Bemühen hohe Anerkennung bekommt, schmälern jedoch die politischen Realitäten in Europa mit politischer Unterdrückung, Verfolgung und Zwangsemigration den Aussagewert seiner Worte erheblich. Schiferer (1998) vermutet eher einen Nostalgieschmerz bei seinen Zuhörern über eine vertane Chance als einen inneren Ruck zur Veränderung.

1936 erreicht Adler auf einer erneuten Vortragsreise der Ruf auf die Position eines Attending Psychologist am Department for Neurology am Long Island College of Medicine. Im Jahr darauf, 1937, bricht er zu einer weiteren Vortragstournee nach Europa auf. Er hält zuerst in Paris einen Vortrag, um dann weiter nach Belgien und Holland zu reisen. Hier erleidet er einen ersten Schwächeanfall. Er setzt seine Weiterreise über London nach Aberdeen fort, um an der dortigen Universität einen dreiwöchigen Vortrags-, Vorlesungs- und Kursmarathon abzuhalten. Am 28. Mai, dem Tag vor dem Beginn des Programms, bricht Adler während eines Spaziergangs auf offener Straße zusammen und verstirbt auf dem Weg ins Krankenhaus. Sein Leichnam wird weder nach Wien noch nach New York überführt, sondern in einem Ehrensarg in der Kapelle des Aberdeener Colleges beigesetzt.[4] Unter dem Hakenkreuz wird die Individualpsychologie in Österreich verboten. Individualpsychologische Lehrer werden entfernt, die verbliebenen Erziehungsberatungsstellen gleichgeschaltet. Soweit sie nicht vorher gegangen ist, emigriert die große Mehrheit der Individualpsychologen, andere kommen in Konzentrationslagern ums Leben. Ein kleiner Rest, darunter Oskar Spiel und Ferdinand Birnbaum, sammelt sich in der Ortsgruppe des Deutschen Instituts für psychologische Forschung und Erziehung, die unter der Leitung des Psychoanalytikers August Aichhorn in Wien gegründet wird. Das Ziel der Arbeitsgemeinschaft ist es, unter der Betonung ihrer Gemeinsamkeiten die Schulen der Tiefenpsychologie in die Nachkriegszeit zu retten.

In Deutschland nimmt die nationalsozialistische »Psychotherapie« Teile des individualpsychologischen Gedankenguts auf, soweit sie mit der nationalsozialistischen Ideologie vereinbar sind. Am Deutschen Institut für psychologische Forschung und Erziehung unter der Leitung von Matthias Heinrich Göring arbeiten Hans Künkel und Leonhard Seif an leitender Stelle. Sie gehören zu den wenigen Individualpsychologen, die sich in den Dienst des NS-Regimes gestellt haben. Zu ihnen merkt Bruder-Bezzel (1995) kritisch an: »Sie haben ihre Praxis und auch die Adlersche Theorie zur Integration angeboten, unter Preisgabe des Geistes des Adlerschen Denkens, der Tradition einer humanen und kritischen Psychologie« (Bruder-Bezzel 1995, S. 200).

---

4 Viel zitiert ist die Äußerung Freuds in einem Brief an den deutschen Schriftsteller Arnold Zweig, in dem er den Tod Adlers kommentiert. Sie wirft ein bezeichnendes Licht auf das unversöhnliche Verhältnis, das beide Zeit ihres Lebens nicht auflösen konnten: »*Für einen Judenbuben aus einem Wiener Vorort ist ein Tod in Aberdeen, Schottland, eine unerhörte Karriere und ein Beweis, wie weit er es gebracht hat. Wirklich hat ihn die Mitwelt für das Verdienst, der Analyse widersprochen zu haben, reichlich entlohnt.*« (Jones 1962, S. 23).

1.4 Der Neuaufbau der Individualpsychologie nach dem Krieg

Bereits 1945 gründet sich in Wien der Verein für Individualpsychologie neu. Er stellt sich zur Aufgabe, die tiefenpsychologische Psychotherapie wiederzubeleben sowie die Tradition der Erziehungsberatungsstellen und der Versuchsschulen weiterzuführen. 1979 erfolgt die Umbenennung des Wiener Vereins in »Österreichischer Verein für Individualpsychologie.«

Die Wiener Gruppe beginnt in der Nachkriegszeit mit der Wiederherausgabe der deutschsprachigen »Internationalen Zeitschrift für Individualpsychologie« (IZI), die ab 1947 bis zu ihrer Einstellung im Jahr 1951 erscheint (Bruder-Bezzel 1995).

In ihrer ersten Ausgabe stellt die IZI erste individualpsychologische Aktivitäten in Amsterdam, Paris und Wien fest (Gröner 1992). Es ist aber offenkundig, dass sich der Schwerpunkt der Schule von Europa in die USA verlegt hat. Hier gibt es Gesellschaften in New York, Chicago, Los Angeles und Harrisburg.

Einen großen Einfluss auf die Entwicklungen der Individualpsychologie in den USA übt Rudolf Dreikurs (1897–1972), ein Wiener Emigrant aus Chicago, aus. Er vertritt einen betont pragmatischen, pädagogisch ausgerichteten Ansatz zur individualpsychologischen Beratung in der Kindererziehung, Schulpädagogik und Familien- und Gruppenberatung. Auch knüpft er mit der Einrichtung der »International Summer School of Adlerian Psychology« (ICASSI) an die von Adler im Jahr 1932 begründete Tradition von Sommerschulen an.

Dreikurs begründet mit seinem Ansatz eine für die USA spezifische individualpsychologische Richtung. Gröner (1992) vermutet, dass sich in dieser zugespitzten Ausrichtung auf die pragmatische Lösung von Erziehungsproblemen die Situation der individualpsychologischen Emigranten widerspiegelt. »Die nach den USA ausgewanderten Individualpsychologen mussten sich …gegen die ebenfalls emigrierten »Freudianer« durchsetzen. Sie konnten dies entweder nur durch Anpassung oder durch Aufspüren von Arbeitsfeldern, in denen die Psychoanalytiker Freudscher Prägung nicht tätig waren. Dies galt vor allem für den pädagogisch-psychologischen Bereich« (Gröner 1992, S. 318).

Hingegen unterscheidet sich der individualpsychologische Ansatz in Europa deutlich von der Entwicklung in den USA. Im Vergleich zu ihr ist er weniger pragmatisch, sondern eher theoretisch-psychotherapeutisch ausgerichtet. Grund dafür ist das Zusammenrücken der tiefenpsychologischen Schulen in den Jahren der Gewaltherrschaft. Speziell die Mitglieder des Wiener Vereins stehen aufgrund der regelmäßigen Arbeitskontakte zwischen den Individualpsychologen und den Freudschen Psychoanalytikern in der NS-Zeit für eine große Nähe zur Psychoanalyse (vgl. Datler und Sturm 1991).

In der Schweiz wird 1948 die Schweizerische Gesellschaft für Individualpsychologie ins Leben gerufen, 1977 erfolgt die Gründung des Alfred-Adler-Instituts in Zürich. Im Jahre 1954 bildet sich die Internationale Vereinigung für Individualpsychologie (IVIP) unter der Führung von Alexandra Adler, einer Tochter Adlers. Diese Gesellschaft wird die gemeinsame Plattform der nach und nach hinzukommenden nationalen Vereinigungen, aus denen wiederum lokale Alfred-Adler-Institute für die Aus- und Weiterbildung hervorgehen (▶ Kap. 11).

Die Reorganisation der Individualpsychologie in Deutschland gestaltet sich als schwierig. Viele ihrer früheren Vertreter sind entweder während des Krieges umgekommen, in die Vereinigten Staaten emigriert oder über die ganze Welt verteilt worden. In Deutschland gibt es nur in München einen Kern von Individualpsychologen, die aus dem Umfeld des ehemaligen »Deutschen Instituts« stammen.

Mit der Gründung der Alfred-Adler-Gesellschaft (AAG) im Jahr 1962 beginnt die Nachkriegsgeschichte der Individualpsychologie als eigenständiger tiefpsychologischer Schule in Deutschland. Sie wird 1966 Mitglied der Internationalen Vereinigung (Gröner 1985). Ab 1967 werden erste Ausbildungskurse in Münster und in Aachen ins Leben gerufen, wodurch die Zahl der Mitglieder in der AAG kontinuierlich ansteigt. 1970 erfolgt die Umbenennung in »Deutsche Gesellschaft für Individualpsychologie« (DGIP). In den Jahren 1971 bis 1976 werden in München, Düsseldorf, Delmenhorst und Aachen vier Ausbildungsinstitute gegründet, 1993 kommt das Alfred-Adler-Institut in Berlin dazu. Sie bieten die Ausbildung zum individualpsychologi-

1.4 Der Neuaufbau der Individualpsychologie nach dem Krieg

schen Berater für Angehörige sozialer und lehrender Berufe an sowie zum Psychotherapeuten/Psychoanalytiker im Rahmen der gesetzlich anerkannten Krankenversorgung (▶ Kap. 11). Die erste internationale Tagung auf deutschem Boden findet 1976 als 13. Internationaler Kongress in München statt, in Münster tagt 1987 der 17. Kongress. Seit dem Jahr 1976 erscheint die »Zeitschrift für Individualpsychologie« in Kooperation mit der schweizerischen und österreichischen Gesellschaft. Wichtige Diskussionsforen zur theoretischen und praktischen Weiterentwicklung der Individualpsychologie als analytischer Richtung stellen die jährlichen Fachtagungen und Kongresse unter der Schirmherrschaft der DGIP dar.

Über den deutschsprachigen Raum hinaus hat die Individualpsychologie weitere internationale Verbreitung gefunden und ist in einer Reihe von europäischen und nicht-europäischen Ländern vertreten. Hierzu zählen u. a. England, Frankreich, Ungarn, Griechenland und Italien wie auch Kanada, Israel und Japan.

2 Verwandtschaft mit anderen Verfahren

Die Betrachtung der Individualpsychologie im Vergleich zu anderen Therapieverfahren lässt eine Vielzahl von Ähnlichkeiten zwischen originär individualpsychologischem Gedankengut und den Entwicklungen in den diversen Schulen erkennbar werden.

Als erstes ist die Nähe zur Psychoanalyse Freuds zu nennen. Trotz vieler theoretischer Differenzen stimmen beide Richtungen in Bezug auf eine Reihe von Grundannahmen überein. Diese Konvergenz hat Freud durch die Übernahme Adlerscher Konzepte (z. B. des Aggressionstriebes) in seine Theorie befördert, ohne dass dessen Vorarbeiten erwähnt werden. Große Überschneidungen bestehen zudem zur Psychoanalytischen Ich-Psychologie und Neopsychoanalyse sowie zur Logotherapie. Auch ist eine enge Verwandtschaft zur Transaktionsanalyse sowie zu psychotherapeutischen Richtungen nicht-tiefenpsychologischer Provenienz festzustellen.

2.1 Psychoanalyse

Grundsätzlich unterscheidet sich die Individualpsychologie von der Psychoanalyse in der Zurückweisung der Libido-Theorie und der darin vertretenen Bedeutsamkeit der Sexualität für die seelische Entwicklung. Dennoch gibt es theoretische Übereinstimmungen zwischen beiden Ansätzen. Die erste und fundamentalste ist, dass beide Ansätze unbewusste Phänomene als gegeben ansehen. Freuds Ansatz ist ursachenorien-

2.1 Psychoanalyse

tiert. Er stellt die Frage nach dem »Warum« eines unbewussten Konflikts, der aus dem gleichzeitigen Auftreten einander widersprechender Regungen resultiert. Adlers zentrale Frage ist die des »Wozu«, um die frühkindlich geprägten und damit unbewussten Leitlinien zur Erreichung eines Persönlichkeitsideals aufzudecken. Auf diese Weise soll ein frühes Mangelerleben an Bejahung und Bestätigung und der damit verbundene Selbstwertverlust überwunden werden.

Dieser Dynamik jenseits des Sexualschemas stimmt Freud zu, indem er die Erfahrung von Lieblosigkeit als Ursache eines auf Dauer beeinträchtigten Selbstwertgefühls versteht. Auch in Bezug auf Aggression übernimmt der späte Freud die Ansicht Adlers als eines neben der Sexualität eigenständigen Triebs. Zudem ist für beide das Drängende/Strebende eine wichtige Manifestation des Seelenlebens. Für Freud steht es im Dienste des Lustprinzips, für Adler im Dienste der Selbstwertsicherung.

Adler setzt mit diesem Grundverständnis zum Seelenleben und seinen Strebungen an einem frühen Punkt im psychischen Entwicklungsprozess der Person an. Er betont die Verletzbarkeit des Kleinkindes durch emotionales Mangelerleben und beschreibt die Auswirkungen auf die spätere Persönlichkeitsformung. Er liefert damit eine die erste Theorie zum Entstehen und zur Behandlung der sog. frühen Störungen. Das therapeutische Agens ist das der korrigierenden emotionalen Erfahrung. Freud hingegen befasst sich bei seiner Akzentuierung des Lustprinzips mit der ödipalen Stufe zur psychosexuellen Persönlichkeitsentwicklung. Im Vergleich zu Adlers Betrachtungsweise richtet sich sein Blick auf eine relativ späte und reife Phase kindlicher Identitätsfindung. Störungen auf dieser Ebene werden demnach auch durch eine entsprechend »reife« Form der Behandlung, der Einsichtstherapie, angegangen.

Unter Berücksichtigung der Konvergenzen und Divergenzen beider Theoriegebäude ergibt sich demnach ein komplementäres Verwandschaftsverhältnis zwischen Psychoanalyse und Individualpsychologie. Beide betrachten jeweils unterschiedliche, aber einander ergänzende Abschnitte des seelischen Entwicklungsprozesses und stellen für die phasenspezifischen Störungsbilder die entsprechenden Behandlungstheorien zur Verfügung.

2.2 Psychoanalytische Ich-Psychologie

Mit ihrem Anspruch zur Beschreibung früher Störungsbilder und ihrer Ätiologie weist die Psychoanalytische Ich-Psychologie wesentliche Überschneidungen zur Individualpsychologie auf. Ihre prominentesten Vertreter sind Erik Erikson (1902–1994), Otto Kernberg (geb. 1928), Heinz Kohut (1913–1981) und in jüngster Zeit Peter Fonagy (geb. 1952).

Erkennbar sind die Konvergenzen im Narzissmus-Begriff als zentralem Konzept der psychoanalytischen Ich-Psychologie und Neo-Psychoanalyse. Mit dem Verständnis von Narzissmus als abwehrbedingter Aufblähung des Selbstwertgefühls mit Größen- und Allmachtsphantasien ist dieser Ansatz deckungsgleich mit der individualpsychologischen Auffassung zur Überkompensation von Minderwertigkeitsgefühlen durch ich-haftes Überlegenheitsstreben.

Auch erkennt die Ich-Psychologie analog zur Individualpsychologie an, dass der Mensch primär, und nicht nur auf libidinöser Grundlage, ein soziales Wesen ist. Die Entwicklung des Selbstwertgefühls hängt ab von der Qualität früher Beziehungserfahrungen zwischen dem Kind und seiner Umwelt. Besonders deutlich wird dieser Sachverhalt in der Objektbeziehungstheorie (vgl. Kernberg, 2006) hervorgehoben. Im günstigen Fall schafft die Bestätigung des Selbst durch den bedeutsamen Anderen positive Bilder von sich selbst und den anderen, im ungünstigen Fall, z. B. bei übermäßigen Erfahrungen von Vernachlässigung und Versagung, werden »verfolgende« Modelle aufgebaut. Diese Vorstellungen als verdichtete Beziehungserfahrungen werden in der Ich-Psychologie als Selbst- und Objektrepräsentanzen bezeichnet, in der Individualpsychologie spricht man von leitenden Fiktionen (▶ Kap. 3.1). Während in der Ich-Psychologie die Repräsentanzen für die Identitätsbildung ausschlaggebend sind, ergibt sich aus den leitenden Fiktionen in der Individualpsychologie die Einheit der Persönlichkeit. Beide Theorien beschreiben damit jeweils in ihrer eigenen Sprache ein- und denselben intrapsychischen Prozess.

2.3 Neo-Psychoanalyse

Zu den prominentesten Vertretern dieser Therapieschule zählen im angelsächsischen Sprachraum Autoren wie Erich Fromm (1900–1980), Karen Horney (1885–1952) und Harry Stack Sullivan (1892–1949). Zu den bekanntesten Repräsentanten der neopsychoanalytischen Richtung im deutschsprachigen Raum gehört Harald Schultz-Hencke (1892–1953). Der gemeinsame Nenner der Neopsychoanalytiker ist ihr Anspruch, durch den Einbezug der sozialpsychologischen Sicht die Freudsche Lehre weiterentwickelt zu haben. Sie erblicken in der Neurose das Ergebnis gestörter zwischenmenschlicher Beziehungen und kommen auf diese Weise der Individualpsychologie sehr nahe.

Beispielsweise widmet Karen Horney in ihren Arbeiten dem Streben nach Sicherheit, Macht und Anerkennung ausführliche Betrachtungen (Horney 2014). Ausschlaggebend dafür ist für sie die Grundangst. Sie wird von ihr deutlicher als im Adlerschen System herausgearbeitet, aber ansonsten können sämtliche anderen, von ihr vertretenen Konzepte im individualpsychologischen Theoriegebäude verortet werden.

Konkordant zu Adler sieht Fromm den Menschen als primär soziales Wesen. Der Schrecken des Alleinseins und der eigenen Bedeutungslosigkeit wird bei Fromm von kompensierenden Gefühlen der Vollkommenheit und des Ranges überdeckt (Fromm 1941). Diese Annahme stimmt deckungsgleich mit dem individualpsychologischen Verständnis überein.

In dem von ihm entwickelten System konzentriert sich Harry Stack Sullivan (1939, 1966) auf die kognitiven Verzerrungen und Entstellungen, die ihre Ursache in frühkindlichen Beziehungserfahrungen haben. Die missglückte Integrationserfahrung in dieser frühen Zeit prägen nach Sullivan alle späteren Versuche der zwischenmenschlichen Kontaktaufnahme und führen zu charakteristischen emotionalen Konflikten und Wiederholungsreaktionen. Er macht dieses am Beispiel der Hypochondrie deutlich, die allein durch libidinöse Regressionen nicht erklärbar ist. Seine Erklärung, dass der Hypochonder aufgrund seiner Früherfahrungen einer eigenen privaten Logik folgt, die das Feld interpersonaler Beziehungen verlassen hat, kann auch als individualpsychologische Auffassung verstanden werden.

Die Lehre Schutz-Henckes baut – wie er im Vorwort zur 2. Auflage betont – auf den Lehren von Freud, Adler und Jung auf und zielt explizit auf deren »Amalgamierung« ab (Schultz-Henke 1940, 1989, S. 7). Wesentlich für den von ihm konzipierten »gehemmten Menschen« ist, dass Angst und Hemmung spontaner Lebensimpulse als Folge entmutigender Beziehungserfahrungen mit dem übersteigerten, oftmals verdeckt vorgetragenen Wunsch nach Geltung und Besonderung einhergehen. Schultz-Hencke spricht in diesem Zusammenhang von der »Hemmungstrias«, die umso weniger auflösbar ist, je neurotischer der Mensch ist.

Obwohl anzunehmen ist, dass den neo-psychoanalytischen Autoren die Arbeiten Adlers bekannt und zugänglich gewesen sind, benennt allein Schultz-Henke ausdrücklich den Rückgriff auf das individualpsychologische Denkgebäude. Möglicherweise hat die Anlehnung an die Autorität Freuds dazu geführt, Adlers Namen zu verschweigen. Dieses käme der von Metzger (1982) geäußerten Vermutung eines von Freud erlassenen Zitierverbotes an seine Schüler nahe, sich nicht auf den Autor Adler berufen zu dürfen.

2.4 Logotherapie

Im Gegensatz zur Neo-Psychoanalyse kann die Logotherapie die Nähe zur Individualpsychologie nicht verneinen. Begründet von Viktor E. Frankl (1905–1997), einem früheren Schüler Adlers, fragt diese Therapieschule wie die Individualpsychologie nach dem »Wohin« des menschlichen Strebens (Frankl 1946, 1997). Für Frankl fungiert der Wille zum Sinn als wesentliche Motivationskraft menschlichen Handelns. Er durchdringt sämtliche Daseinsformen menschlicher Existenz, gleich ob sie geistiger, physischer und psychischer Natur sind. Während die psychische und physische Ebene eng miteinander zusammenhängen (psychophysischer Parallelismus), ist die geistige Dimension in der Lage, sich unabhängig über diese beiden Realitäten zu erheben. Sie erlaubt es dem Menschen, sich selbst aus einer Distanz zu begegnen. Ihm ist es damit möglich, der Welt in Freiheit und eigener Verantwortung offen gegenüber zu stehen (Selbsttranszendenz). Als grundsätzlich entscheidungs- und willensfreies Wesen ist der Mensch fähig, sich gegenüber seinen eigenen inneren und äußeren Bedingtheiten zu verhalten und sich über sich selbst hinaus auf Sinn und Werte zu orientieren.

Mit dieser Anthropologie knüpft Frankl an die Arbeiten des späten Adlers zum Gemeinschaftsgefühl an, wie er sie in seiner Schrift »Der Sinn des Lebens« (Adler 1933a, 1973) niedergelegt hat. Hierin werden die eigene Verantwortlichkeit des Menschen sowie die Notwendigkeit zur Selbsttranszendierung auf der Suche nach Sinn in schon fast hymnischer Form beschrieben.

Aufgrund ihrer besonderen Betonung des Geistigen und des existentiell bedeutsamen Strebens nach Sinn im Leben wird die Logotherapie dem Paradigma der humanistisch-existenziell orientierten Psychotherapieverfahren zugeordnet. In diesen Bereich fällt auch die Daseinsanalyse mit ihren Begründern Medard Boss (1903–1990) und Ludwig Binswanger (1881–1966). In Konkordanz zur Individualpsychologie betont die Daseinsanalyse die Bedeutung des Gemeinschaftsgefühls sowie die Betrachtung der Persönlichkeit als Ganzheitliches (Binswanger 1994, Boss 1979).

2.5 Transaktionale Analyse

Die Finalität als eine zentrale Annahme in individualpsychologischer Theoriebildung (▶ Kap. 3.2) findet ihre Entsprechung in der Transaktionalen Analyse von Eric Berne (1972). Auch Berne (1910–1970) spricht von einem Lebensplan oder Skript als unbewusster Leitlinie menschlichen Handelns. Der Lebensplan bildet sich aufgrund früher Kindheitserfahrungen, aus denen das Kind sich ein bestimmtes Bild über sich selbst und die anderen sowie über die Welt und das Leben erschafft. Es entwickelt Vorstellungen in Form eines Skriptes, wie sich seine Zukunft gestalten wird. Nach diesem Bezugssystem werden Erfahrungen ausgelegt und zukünftiges Handeln ausgerichtet.

Das Skript als die im Selbst- und Weltbild des Menschen verankerten Zukunftsvorstellungen entspricht der Adlerschen Vorstellung vom Lebensstil als leitender Fiktion menschlichen Handelns (▶ Kap. 3.4). Ebenso wie Adler nimmt Berne an, dass sexuelle Triebe und Bedürfnisse weitgehend in das Lebensskript integriert und gemäß seiner Ausrichtung »programmiert« sind.

Eine weitere Überschneidung zwischen Transaktionaler Analyse und Individualpsychologie liegt in der Betonung der Selbstverantwortlichkeit des Individuums. Berne stimmt mit Adler ausdrücklich überein, dass den Menschen außerpersönliche Gegebenheiten als schicksalhafte Ereignisse ereilen können, für die er nicht verantwortlich ist. Seine personale Verantwortung beginnt aber mit der Frage, wie er sich mit diesem Schicksal auseinandersetzt. In der Übernahme von Selbstverantwortlichkeit zeigt sich sowohl nach Berne als auch nach Adler der Grad des Mutes, sich den unausweichlichen Lebensaufgaben zu stellen. Eine ermutigende Erziehung der frühen Bezugspersonen ist hierfür ausschlaggebend.

Auch stimmt die Transaktionsanalyse der in der Individualpsychologie als »tendenziöse Apperzeption« bezeichneten Tendenz zu, nach der Menschen die Welt gemäß den eigenen Auffassungen selektiv wahrnehmen. Aus Adlerianischer Sicht begegnen sie der Welt entsprechend ihrer lebensstiltypischen Sicherungswünsche. Transaktionsanalytisch gesehen urteilt der in seinem Skript Befangene nicht nur so, wie es seiner vorgeformten Erwartung entspricht, sondern verhält sich auch so, dass er seine Ansicht bestätigt (vgl. Schlegel 1984).

2.6 Nicht-tiefenpsychologische Verfahren

Weitere Verbindungslinien bestehen von der Individualpsychologie sowohl zu den Konzepten der Humanistischen Psychologie als auch denen der kognitiven Verhaltenstherapie.

Die von Carl Rogers (1902–1987) entwickelte klientenzentrierte Gesprächspsychotherapie als eine Hauptrichtung der Humanistischen Psychologie bemüht sich ebenfalls wie der Adlerianische Ansatz um die Stärkung des Selbstwertgefühls (Rogers 2000). In ihren Behandlungsprinzipien sehen beide Richtungen die therapeutischen Grundhaltungen von unbedingter Akzeptanz, von einfühlendem Verstehen und von Offenheit/Gleichwertigkeit als wesentliches therapeutisches Agens an. Die Erfahrung von partnerschaftlichem Angenommen-Sein mit der Betonung eines dialogischen Beziehungsverhältnisses zwischen Patient und Therapeut soll emotional korrigierend wirken. Starre Bewältigungsmuster, die aufgrund früher negativer Beziehungserfahrungen fixiert worden sind, sollen verlebendigt werden. Die Diskrepanz zwischen Sein und Wollen, zwischen Wunsch und Wirklichkeit, zwischen Ideal- und Real-Selbst soll zugunsten von mehr Selbstkongruenz und -annahme aufgehoben werden.

Auch in Bezug auf das Menschenbild lassen sich Parallelen im individualpsychologischen und humanistischen Denken finden. Beiden Schulrichtungen geht es um die erlebende Person, um Kreativität, Wertsetzung und Selbstverwirklichung sowie um die Würde des Menschen und um seine Beziehungen zu Mitmenschen und sozialen Gruppen.

Die Konkordanz der Individualpsychologie zur kognitiven Verhaltenstherapie besteht in der übereinstimmenden Einschätzung von Kognitionen als verhaltenssteuernde Komponenten. Analog zum Adlerschen Ansatz sehen die bekanntesten Vertreter der kognitiven Verhaltenstherapie, Albert Ellis (1913–2007) und Aaron Beck (geb. 1921), Gedanken, Einstellungen, Bewertungen und Überzeugungen als maßgeblich für das Auftreten von Gefühlen, körperlichen Reaktionen und Verhalten an (Ellis 1973, Beck 1979). Klinisch relevant sind – verhaltenstherapeutisch gesehen – dysfunktionale Überzeugungen (z. B. »Wenn mich niemand liebt, ist mein Leben sinnlos«), kognitive Verzerrungen und Fehlschlüsse (»Jemand grüßt mich nicht, also mag er mich nicht«) sowie für die Person unhinterfragbare Grundannahmen (»Um glücklich zu sein, muss ich von allen Menschen akzeptiert werden«). Für die Individualpsychologie entstammen diese aus der privaten Logik der Person. Sie geben deren Privatmeinung über den Ablauf der Welt und über deren Stellung darin wieder. Sowohl die Individualpsychologie als auch die kognitive Verhaltenstherapie zielen darauf ab, die dysfunktionalen Denkinhalte zu identifizieren und realitätsgerechtere Einstellungskonzepte mit dem Patienten zu entwickeln. Sie unterscheiden sich dabei in ihrem jeweiligen Vorgehen. Im Gegensatz zum individualpsychologischen Vorgehen (▶ Kap. 5) ist der verhaltenstherapeutische Ansatz direktiver. Der Therapeut fungiert als »Lehrer«: die funktionalen Auswirkungen der Kognitionen auf Erleben, körperliche Reaktionen und Verhalten stehen im Fokus der Betrachtung und sollen z. T. über Hausaufgaben modifiziert werden.

3 Wissenschaftliche und therapietheoretische Grundlagen des individualpsychologischen Verfahrens

In der Darstellung seines Lebenslaufs ist bereits die allgemeine Ausrichtung des Denkens Adlers erkennbar, die ihn grundsätzlich von Freud unterscheidet. Nach Ellenberger (1973) ist es das Ziel Freuds, »die verborgenen Bereiche der menschlichen Psyche, die die griechischen Tragödiendichter und andere große Dichter ... intuitiv erfasst hatten, in die wissenschaftliche Psychologie einzugliedern. Adler hingegen geht es um den Bereich der Menschenkenntnis, d. h. um das praktische Wissen über den Menschen. Das Interessante an der Individualpsychologie liegt darin, dass sie das erste aufgezeichnete, einheitliche und vollständige System der Menschenkenntnis ist, ... das so weit gefasst ist, dass es auch noch den Bereich der Neurosen, Psychosen und des kriminellen Verhaltens umschließt. Aus diesem Grunde muss der Leser vorübergehend alles beiseitelegen, was er über Psychoanalyse gelernt hat, und sich umstellen auf eine ganz andere Denkweise« (Ellenberger 1973, S. 766).

Die an dem individuellen Patienten und seiner konkreten Umwelt ausgerichtete Persönlichkeitstheorie entspricht Adlers Selbstverständnis, den Patienten nicht als Fall, sondern als Menschen in seiner Gesamtheit zu verstehen. »Nie betrachtete er die Krankheit alleine, sondern suchte stets die kranke Gesamtpersönlichkeit und die innige Verbundenheit von seelischem und körperlichem Geschehen zu erfassen« (Orgler 1972, S. 13, zit. nach Seelmann 1982, S. 11). Während Freud von seinem wissenschaftlichen Forschungsdrang geprägt ist, wird Adler »von dem heißen Wunsch vorwärtsgetrieben, zu helfen und zu heilen« (ebenda). Aufgrund der gravierenden sozialen Probleme seiner Zeit stellt die Sozialmedizin folgerichtig den Ausgangspunkt seiner Überlegungen dar. Mit der Wahl, sich als Arzt mit den gesundheitlichen Problemen von Unterprivilegierten zu befassen, folgt Adler seinen politischen Einstellungen. Er erkennt frühzeitig die Notwendigkeit präventiver Maßnahmen. Die Aufgabe des Arztes ist es, sich nicht nur dem Kampf gegen Alkoholismus, Infektionen und Geschlechtskrankheiten zu stellen, sondern auch – wenn nötig – Hilfe und Ratschlag in Erziehungsfragen zu geben.

Das Menschenbild, von dem der Sozialmediziner Adler ausgeht, ist optimistisch. Er sieht den Menschen ebenso ursprünglich zum Guten wie zum Bösen fähig an. Da die sozialen Antriebe wie die organischen wesenshaft zum Menschen gehören, können sie bei jedem Einzelnen durch liebevollen Umgang gefördert werden. Zur Prävention gehört damit die Erziehung der Kinder, die neben der Sozialmedizin zu einem zweiten großen Thema Adlers wird. Er formuliert pädagogische Thesen zu Erziehungsfragen, in denen sich die Grundannahmen seiner späteren individualpsychologischen Theorie der Persönlichkeitsentwicklung bereits erkennen lassen. An die Stelle von Furcht sollen ungestörte Verbundenheit und Vertrautheit sowie die Liebe zum Erziehenden treten. Mut und Selbstvertrauen und nicht Gehorsam sind die wichtigsten Errungenschaften für das Kind. Das Kind ist vom ersten Augenblick an Mitmensch, mit dem man wie mit anderen Menschen auch umgeht. Entscheidend ist, die Würde selbst des kleinsten Kindes zu erhalten. Das bedeutet den Verzicht auf körperliche und seelische Misshandlung (Adler 1930c, 2015).

Die Auseinandersetzung mit den Folgen des Verstoßes gegen diese Prinzipien führt Adler zu seinem dritten Lebensthema, der Psychotherapie. Er vermutet in der Verletzung der Forderungen nach Sicherung der Verbundenheit und des gegenseitigen Vertrauens sowie der unbedingten Wahrung der Würde des Kindes die eigentliche Ursache von Neurosen und anderen Störungen der Persönlichkeitsentwicklung. Aus diesem Grunde entwickelt er seine Krankheits- und Behandlungslehre, für die seine »Studie über die Minderwertigkeit von Organen« (Adler 1907, 1977) den Ausgangspunkt darstellt. Sie beinhaltet die Lehre vom Minderwertigkeitsgefühl und seiner Kompensation als eigentliches Kernstück der Adlerschen Persönlichkeitstheorie.

3.1 Das Minderwertigkeitsfühl und seine Kompensation

In Bezug auf das Minderwertigkeitsgefühl geht Adler anfänglich von einem organisch bedingten Mangel des Organismus als Verursachungsfaktor für die Neurosenentwicklung aus. Aufgrund von Vererbung, embryonalen oder Geburtsschädigungen, Ernährungsmängeln wie auch durch Überlastungen und Verletzungen hervorgerufen äußert sich die Organminderwertigkeit in körperlichen Missbildungen und/oder Funktionsstörungen und wirkt sich in einer verminderten Belastbarkeit des gesamten Organismus aus. Sie gibt den Anstoß zu einem Gefühl der Minderwertigkeit, aus dem heraus eine erhöhte Anspannung zur Kompensation dieses Mangels resultiert.

Entscheidend für die Ausprägung des Minderwertigkeitsgefühls sind dabei Vergleichsprozesse des konstitutionell beeinträchtigten Individuums, indem es sich entweder an seiner Umwelt oder an dem Erreichen bzw. Nicht-Erreichen selbst gesteckter Ziele misst. Das Minderwertigkeitsgefühl ist daher relativ und hängt einmal davon ab, wie stark ein konstitutioneller Mangel von den Mitmenschen als solcher bewertet wird. Das andere Mal spielt der Grad der Empfindlichkeit gegenüber persönlichen Beeinträchtigungen, der durch Erziehungseinflüsse mitbestimmt wird, eine wichtige Rolle. Eine Organminderwertigkeit kann zu jedem Zeitpunkt im Leben auftreten und psychische Folgen haben. Ist sie bereits in der frühen Kindheit wirksam, dürfte sie die Charakterentwicklung am stärksten beeinflussen.

Später verlässt Adler den Grenzbereich zwischen Biologie bzw. Physiologie und Psychologie. Er erkennt an, dass Minderwertigkeitsgefühle nicht allein auf konstitutionelle Schwäche zurückzuführen sind. Vielmehr entstehen sie bereits bei jedem Kleinkind aufgrund seiner entwicklungsbedingten Unterlegenheit und Schwäche gegenüber dem Erwachsenen. Unter günstigen erzieherischen Bedingungen wird das Kind ermutigt, das Gefühl der Unzulänglichkeit zu überwinden. Dagegen hemmt ein entmutigender Erziehungsstil diese Entwicklung, indem er die soziale Entfaltung und das Selbstwertgefühl beeinträchtigt. Der Erziehungsstil der Entmutigung wird auf der einen Seite durch Merkmale der Härte und Lieblosigkeit geprägt, auf der anderen durch Verwöhnung. Dementsprechend stellt Adler neben das konstitutionell geschwächte Kind das übermäßig streng erzogene und das verhätschelte/verzärtelte Kind und benennt dadurch zusätzliche, durch Erziehung herbeigeführte Dispositionen zur Entstehung von Neurosen (Adler 1914, 1973).

Der psychopathogene Einfluss eines Zuviels an Verwöhnung bzw. an Strenge besteht darin, dass das Kind keine zutreffende Einschätzung des eigenen Wertes entwickeln kann. Die Verzärtelung, die sämtliche Schwierigkeiten aus dem Weg räumt, vermittelt das Gefühl von Unzulänglichkeit, selbstständig und selbstbewusst in der Auseinandersetzung mit der Welt bestehen zu können. Die Vernachlässigung durch Härte und Geringschätzung untergräbt das Selbstwertgefühl, indem das Recht auf Geliebt-, Anerkannt- und Bejaht-Werden abgesprochen wird.

Da das Streben nach Überwindung von Minderwertigkeit ein Grundbedürfnis menschlicher Existenz ist, will jedes Kind der gefühlten Unzulänglichkeit und Minderwertigkeit entkommen. Dafür sucht es nach Auswegen mit dem Wunschziel, den erlebten Mangel durch einen positiv empfundenen Zustand zu kompensieren. Während das ermutigte Kind in dem Gefühl des »Noch-Nicht-Könnens« durch geduldiges Üben und Versuchen seinen Weg aus der Position der Unterlegenheit findet, bleibt das entmutigte Kind darin verhaftet. Die Grunderfahrung der Entmutigung ist die des »Nicht-Könnens« und des »Nicht-Dürfens«. Sie haftet dem Selbstwert an und verhindert die Befreiung vom quälenden Gefühl der Minderwertigkeit. Und jedes Scheitern eines erneuten Versuchs, diesem Makel zu entrinnen, führt zu einer Vertiefung der Unzulänglichkeitserfahrung und damit der Selbstwertschädigung.

Um vor sich selbst zu bestehen, muss das Kind in seiner weiteren Entwicklung auf Schein-Kompensationen zur Sicherung des Persönlichkeitswertes zurückgreifen. Das Streben nach Überlegenheit und Geltung kann dazu gehören ebenso wie der Wunsch nach besonderer Aufmerksamkeit und/oder Fürsorge.

Einen weiteren Ursprung für das Entstehen von Minderwertigkeit sieht Adler in der kulturellen Abwertung weiblicher Wesenszüge. Ob-

3.1 Das Minderwertigkeitsfühl und seine Kompensation

wohl beide Geschlechter männliche und weibliche Charaktermerkmale auf sich vereinen – Adler prägt dafür den Begriff des »Psychischen Hermaphroditismus« (Adler 1910, 1914, 1973)[5] –, werden die als »weiblich« erlebten als minderwertig angesehen. Sie stehen für Schwäche, Ohnmacht und Unterlegenheit, wohingegen Stärke, Überlegenheit sowie Macht das männliche Prinzip repräsentieren.

Als Folge kommt es zu einem Streben nach Überlegenheit in Form des »männlichen Protests«: der Mann, dem sein unvollkommenes Mann-Sein als befürchtete Weiblichkeit erscheint, lehnt sich ebenso wie die Frau, die ihre Weiblichkeit als soziale Minderwertigkeit begreift, gegen diese Erfahrung der Unzulänglichkeit auf. Als Gegenentwurf wird dem Ideal einer übertriebenen Männlichkeit im Sinne eines Herrschaftsstrebens nachgeeifert. Für die Erreichung von Dominanz können durchaus »weibliche« Mittel eingesetzt werden. Ein Beispiel dafür ist das Herrschen durch Schwäche, indem die verpönten weiblichen Merkmale zur Erreichung des angestrebten männlichen Ziels eingesetzt werden.

Neben dem »männlichen Protest« nennt Adler die »Erhöhung des Persönlichkeitsgefühls«, das »Geltungsstreben« und den »Willen zur Macht« als weitere Wege, um aus einer erlebten »Minus-Situation« in eine »Plus-Situation« zu gelangen. Sie sind spezielle, d. h. neurotische Ausformungen eines allgemeinen Motivs, das als Streben nach Sicherung tief in der menschlichen Natur begründet ist. Seine Auswirkungen spiegeln sich überindividuell in den Leistungen von Kultur und Zivilisation wieder. Sie hätte der Mensch nicht erringen können, wenn nicht »in seiner Seele der ewige Stachel seiner unzulänglichen Körperbeschaffenheit wirksam gewesen wäre« (Adler 1931a, 1979, S. 157).

---

5 Die Begriffe »Psychischer Hermaphroditismus« und »männlicher Protest« spielen in der Auseinandersetzung mit Freud eine wesentliche Rolle. Mit ihnen wendet sich Adler von Freuds objektivistischer Triebpsychologie ab, indem er am Beispiel der Geschlechterfrage subjektivistische und sozialpsychologische Betrachtungsweisen in die Diskussion einführt. Der Streit um die beiden Begriffe führt zur endgültigen Trennung zwischen Adler und Freud. In der weiteren Theorieentwicklung der Individualpsychologie verblasst die Bedeutung der Begriffe. Sie tauchen explizit erst wieder in den Arbeiten späterer Individualpsychologen auf (Titze 1979, Schmidt 1983).

Den geistesgeschichtlichen Hintergrund für sein Minderwertigkeits-Theorem stellt die zeitgenössische Evolutionslehre von Lamarck und Darwin dar. Sie entspricht den Beobachtungen Adlers, wonach Leben aus einer ständigen Auseinandersetzung mit der Umwelt resultiert. Anders als Freud lehnt er damit einen Physikalismus ab, der mittels aus der Naturwissenschaft kommenden Begriffen zur Erfassung energetischer oder mechanischer Prozesse auch seelische Vorgänge zu beschreiben versucht.

Auch bezieht sich Adler auf die Gedanken des Philosophen Friedrich Nietzsche. Bei gleichlautender Wortwahl wie bei Adler beschreibt dieser einen Willen zur Macht (Nietzsche 2013). Für ihn ist er Ausdruck von Stärke und Selbstbestimmung als Mittel zur Erreichung des »Übermenschen«, während die Adlersche Position hingegen darin »ein aus tiefster Entmutigung und vielerlei Ängsten erflossenes überkompensatorisches Streben« (Sperber 1970, S. 154) sieht. Überschneidungen wie auch Unterschiedlichkeiten lassen jedenfalls erkennbar werden, dass Adler das Werk Nietzsches mit großer Aufgeschlossenheit zur Kenntnis genommen hat und sich in Bezug auf das Aufwärts-Strebende seelischer Vorgänge zumindest von Fall zu Fall darauf beruft (vgl. Wehr 1996).

3.2   Das Konzept der Finalität

Die Bewegungsrichtung von Unten nach Oben mit ihrer Ausrichtung auf einen erwünschten Soll-Zustand vollkommener Gesichertheit kennzeichnet den Menschen als einen Suchenden, der von seinen in die Zukunft gerichteten Zielvorstellungen her zu verstehen ist. Ihnen ordnen sich alle seelischen Akte unter. Sie sind somit nur von ihrem Endzweck her erfassbar. Dementsprechend ist für ein tieferes Verständnis vom Menschen nicht nur die Frage nach dem »Warum«, d. h. nach der Wirkursächlichkeit, sondern auch nach dem »Wozu« und dem »Wohin«, nach der Zweckursächlichkeit, zu stellen. »Erst wenn wir

3.2 Das Konzept der Finalität

das wirkende, richtende Ziel eines Menschen kennen, dürfen wir uns anheischig machen, seine Bewegungen, die uns als individuelle Vorbereitungen gelten, zu verstehen« (Adler, 1920, zit. nach Ansbacher 1982, S. 103). Das subjektive, geschaffene, unbewusste Ziel stellt damit das einigende Prinzip der Persönlichkeit dar. Dazu Adler: »Das Ziel des menschlichen Seelenlebens wird so zum Dirigenten... und reißt alles seelisch Bewegliche in den Strom des seelischen Geschehens hinein. Hier ist die Wurzel der Einheit der Persönlichkeit, der Individualität« (Adler 1923, S. 1). Das bedeutet nicht, dass diese Einheit als »harmonisch« verstanden werden muss. Sie kann auch eine sehr konfliktreiche Struktur besitzen. Einigend ist die Ausrichtung sämtlicher psychischer Aktivitäten auf das angestrebte Endziel.

Gemäß Rattner (1981) entsteht unter diesen Gesichtspunkten eine »dramatische Konzeption des Menschenlebens«: »Ein Menschenleben, individualpsychologisch durchleuchtet, gleicht einem wohlaufgebauten Drama, das auf einen fünften Akt hinzielt, in dem sich die Problematik der Handlung auflöst. Einen Menschen erkennen heißt: seine ihm oft unbewussten und doch unverstandenen Ziele erahnen« (Rattner 1981, S. 44).

Gleichzeitig nimmt das Ziel selbst eine kompensatorische Funktion ein. Es »weckt auch durch das, was es verspricht, die entsprechenden Gefühle und Empfindungen. Auf diese Weise mildert das Individuum sein Gefühl der Schwäche durch das Vorgefühl seiner Erlösung« (Adler 1930a, 1979, S. 111).

Mit dem teleologischen Verstehen des Seelenlebens steht der individualpsychologische Ansatz in der aristotelischen Denktradition. In der heutigen Zeit findet er seine Entsprechung in der Hermeneutik sowie in modernen Handlungstheorien (vgl. Dilthey 1973, Kraiker 1982). Adler selbst lehnte sich in der Formulierung der Finalitäts-Hypothese eng an den idealistischen Positivismus an, den der Philosoph Hans Vaihinger mit seiner Philosophie des Als-Ob (Vaihinger 1918, 2013) vertritt.

Die von Vaihinger vorgetragene Grundannahme ist die, dass sich im menschlichen Denkprozess zumeist unbewusste Annahmen und Ideen von der Wirklichkeit bilden, die allein der subjektiven Vorstellungswelt des Individuums (der Welt des Als-Ob) entspringen. Diese sogenannten *Fiktionen* sind für den Menschen von hohem adaptiven Wert. Sie ermöglichen, Ereignisse vorherzusehen, zu berechnen und angemessen zu gestalten. Dabei ist der objektive Wahrheitsgehalt der Fiktionen unerheblich. Entscheidend ist vor allem ihre Zweckmäßigkeit und Nützlichkeit. Beispiele für nützliche Fiktionen sind: die Einteilung des Erdballs in Meridiane, die Bestimmung des Nullgrades, die Freiheit des Menschen. Die Fiktionen sind von rein vorläufigem Charakter. Sie können durch zweckmäßigere ersetzt werden, wenn sie sich nicht mehr als nützlich und notwendig erweisen.

Bezogen auf die Person gehören ihre individuellen Ziele in den Bereich der Fiktion. Als »fiktive Ziele« oder »leitende Fiktionen« sind sie »der Marschallstab im Tornister des kleinen Soldaten« (Adler 1912, 1972, S. 64), der Orientierung im Chaos des Lebens verschafft. Hierbei führt die in der Kindheit angelegte leitende Fiktion zu einer »tendenziösen Apperzeption« von Wahrnehmungen und Eindrücken. Nur Inhalte, die zu der Zielrichtung passen, werden aufgenommen oder behalten, so dass das Individuum auf seinem Weg immer gleiche oder ähnliche Erfahrungen macht und sich in seiner Weltsicht bestätigt fühlt (▶ Kap. 3.8).

Im Halbdunkel der Kindheit bilden sich die fiktiven Ziele aus der individuellen Auseinandersetzung der Person mit den vorgefundenen Lebensfaktoren heraus. Als Ausdruck der schöpferischen Kraft des Individuums formuliert jeder Einzelne für sich stimmige Ziele und Schlussfolgerungen. Als lebenslange Orientierungsmarker sind sie in der Gegenwart erfahrbar, ohne dass sie im Bewusstsein gegenwärtig sind. In der Regel sind sie dem Verstehen sogar entzogen und können nur dann zugänglich gemacht werden, wenn die individuellen Sicherungstendenzen nicht gefährdet sind.

Die Orientierung in der Welt mit fiktiven Zielen trifft auf den Gesunden wie den Neurotiker zu. Der Unterschied zwischen beiden besteht darin, dass die fiktiven Ziele des Neurotikers stärker von der sog. Wirklichkeit, vom »Common Sense«, abweichen und damit weniger nützlich und zweckmäßig sind. »Je pathologischer die Kindheitssituation eines Menschen ist, umso verstiegener kann sein Persönlichkeitsideal werden, so dass er es mitunter nur durch teilweisen oder totalen Realitätsverlust ins Werk setzen kann« (Rattner 1981, S. 44).

Der neurotisch kranke Mensch folgt somit seiner eigenen »privaten Logik« zur Beschaffenheit der Welt, die von anderen nicht geteilt wird. Sein Weltbild ist eine »private Schöpfung des Kindes in uns« und hat ein frühes Entwicklungsstadium der Logik nicht überwunden. Die Welt wird antithetisch nach dem Alles-oder-Nichts-Prinzip mit der Tendenz zur Verabsolutierung eingeteilt (Titze 1985). Das neurotische Ziel ist immer auf Überlegenheit ausgerichtet und letztendlich nur auf Kosten anderer erreichbar. »Manche Menschen verfolgen hauptsächlich ihre eigenen Interessen und streben nach persönlicher Überlegenheit. Sie geben dem Leben einen privaten Sinn; das Leben sollte nur für sie da sein... Wir finden deshalb, dass solche Menschen unfähig sind, sich mit Mitmenschen zu verbinden« (Adler 1931a, 1979, S. 200).

Das nicht-neurotische Ziel ist stattdessen nicht auf Überlegenheit, sondern auf Gleichwertigkeit hin ausgerichtet. Von der Logik des »Common Sense« bestimmt, ist es in das gesellschaftlich-durchschnittliche Bezugssystem eingebettet. Es bezieht das Wohl des anderen mit ein. Demnach ist der Grad an Gemeinschaftsgefühl für Adler das Unterscheidungskriterium für neurotische und nicht-neurotische Ziele. Er spricht von der Ich-haftigkeit als Ausdruck einer gestörten Persönlichkeitsentwicklung, während die Wir-Haftigkeit, d. h. das Bezogensein auf die Gemeinschaft, als Zeichen eines geglückten seelischen Werdeganges gilt.

3.3 Das Gemeinschaftsgefühl

Der Gedanke an die soziale Orientierung des Menschen ist in Adlers Denken tief verankert. Er prägt die Auseinandersetzung mit Freud und bestimmt wesentlich den Dissens zwischen beiden. Im Gegensatz zu Freuds Annahme, dass der Mensch in seinem Primärzustand autistisch und egozentrisch auf Triebbefriedigung ausgerichtet sei und zu einem Gemeinschaftswesen »kulturisiert« werden müsse, geht Adler von einem ursprünglichen Bezogensein des Menschen auf den anderen aus (Adler 1908b, 1914, 1973). Seine biologischen Wurzeln liegen in der Unvollkommenheit und Schwäche des einzelnen Menschen, die auf diese Weise kompensiert werden.

Früher Ausdruck des gattungsmäßig angelegten Gemeinschaftsstrebens ist das Zärtlichkeitsbedürfnis des Kindes mit dem Wunsch nach Zugehörigkeit, Nähe und Umsorgung. Seine angemessene Befriedigung bestimmt wesentlich das Ausmaß, in dem sich soziales Bezogensein entfaltet. Während für Freud das Zärtlichkeitsbedürfnis unmittelbar mit sexuellen Strebungen verknüpft ist, steht für Adler die Befriedigung des Zärtlichkeitsbedürfnisses in enger Verbindung mit frühen sozialen Lern- und Bindungserfahrungen.

Die Abhängigkeit von der Qualität der primären Beziehungserfahrungen bei der Entfaltung des Gemeinschaftsgefühls weist darauf hin, dass die soziale Anlage als eine dispositionelle Möglichkeit verstanden wird. Nicht jeder Mensch wird automatisch zum Mitmenschen, sondern kann im Streben nach persönlicher Überlegenheit zum Gegenspieler werden. »Gemeinschaftsgefühl ... ist lediglich eine angeborene Möglichkeit, die es bewusst zu entfalten gilt. Wir können uns auf irgendeinen sozialen Instinkt nicht verlassen« (Adler 1929b, 1981, S. 49).

Den Begriff des Gemeinschaftsgefühls als tragendes Element seiner Theorie führt Adler nach Ende des 1. Weltkriegs ein. Unmittelbar unter seinen Eindrücken stehend versucht er eine Abrechnung mit der bisherigen »Machtkultur«, bei der es »zur verhängnisvollen Ausnützung des Gemeinschaftsgefühls durch das Streben zur Macht« gekommen war (Adler 1918, 1982, S. 24). Da Macht und Macht-Streben keine Grenzen kennen, können sie nur durch das Gemeinschaftsgefühl gebremst werden. Es kann nicht mit Machtmitteln realisiert werden und ist demnach der Antipode zum Machtprinzip. Die daraus folgende konflikthafte Konstellation zwischen beiden Gegensätzen liefert für Adler ein Erklärungsmodell menschlichen Handelns. »Unsere Individualpsychologie hat ... den Nachweis erbracht, dass die Bewegungslinie des menschlichen Strebens zunächst einer Mischung von Gemeinschaftsgefühl und Streben nach persönlicher Überlegenheit entspringt. Beide Grundfaktoren zeigen sich als soziale Gebilde, der erste als ange-

3.3 Das Gemeinschaftsgefühl

boren, die menschliche Gemeinschaft festigend, der zweite als anerzogen, als naheliegende allgemeine Verführung, die unablässig die Gemeinschaft zum eigenen Prestige auszubeuten trachtet« (Adler 1920, 1974, S. 15). Und in der Sprache seiner Zeit führt er weiter aus, dass einem Menschen die Bedeutung des Gemeinschaftsgefühls sehr viel schwieriger klarzumachen sei als sein Streben nach persönlicher Überlegenheit.»Viel leichter verträgt er den Nachweis, dass er wie alle anderen nach Glanz und Überlegenheit strebt als die unsterbliche Wahrheit, auch ihn umschlinge das Band der menschlichen Zusammengehörigkeit... Seine Körperlichkeit verweist ihn auf den Zusammenschluss, Sprache, Moral, Ästhetik und Vernunft zielen auf Allgemeingültigkeit... Liebe, Arbeit, Mitmenschlichkeit sind die realen Forderungen des menschlichen Zusammenlebens. Gegen diese unzerstörbaren Wirklichkeiten stürmt und tobt das Streben nach persönlicher Macht oder versucht sie listig zu umschleichen« (Adler 1920, 1974, S. 15).

Das Gemeinschaftsgefühl ist für den späten Adler die leitende Struktur, die die Richtung des Strebens aus einem Minus zu einem Plus vorgibt. Diese Entwicklung wird von ihm zunehmend als Streben nach Vollkommenheit bzw. Vollendung verstanden, wobei er die Ausrichtung auf diesen Endzweck als eine evolutionär festgelegte Eigenschaft jeglichen Lebens betrachtet.»Die Gesamttatsache der schöpferischen Evolution alles Lebenden kann uns darüber belehren, dass der Richtung der Entwicklung bei jeder Species ein Ziel gesetzt ist, das Ziel der Vollkommenheit der aktiven Anpassung an die kosmischen Forderungen« (Adler 1933a, 1973, S. 163).

Unter dem Einfluss kulturspezifischer Vorstellungen besteht für die menschlichen Gesellschaften die evolutionäre Aufgabe in dem Suchen nach einer idealen Gemeinschaft. Die Verwirklichung des Gemeinschaftsgefühls ist dabei der Maßstab, an dem sich eine Gesellschaft in ihrem Streben nach Vervollkommnung messen lassen muss. Bei jeder gegenwärtigen Gemeinschaftsform muss es sich immer um eine fehlerhafte handeln. Sie hat das Ziel der Vollkommenheit einer idealen Gemeinschaft der ganzen Menschheit nicht erreicht und kann damit nicht für ewig – »sub specie aeternitatis« – gedacht werden. Das Ziel, den evolutionären Auftrag letztendlich zu erfüllen, stellt sich somit als immerwährende Aufgabe jeder bestehenden Gesellschaft aufs Neue (Adler 1933b).[6] Das Gemeinschaftsgefühl als Entfaltung der sozialen Anlagen des Menschen umfasst nicht nur die Tatsache der menschlichen Zusammengehörigkeit. Es kann darüberhinausgehend sich auf die belebte und unbelebte Natur bis hin zum Kosmos ausweiten. So ist für Adler das Gemeinschaftsgefühl »ein Abglanz des Zusammenhangs alles Kosmischen, das in uns lebt... und uns die Fähigkeit gibt, uns in Dinge einzufühlen, die außerhalb unseres Körpers liegen« (Adler 1927a, 1966, S. 65).

Die Einsicht, Teil eines größeren Ganzen zu sein, führt auch zu einem Interesse am Ganzen und zu dem Wunsch, am ganzheitlichen Leben teilzunehmen. Das Gemeinschaftsgefühl realisiert sich damit in einer Lebensform der einfühlenden Identifikation mit den Anderen in Form freundschaftlichen Wohlwollens, von Nächstenliebe und Solidarität. Es umschließt die Fähigkeit, »mit den Augen eines anderen zu sehen, mit den Ohren eines anderen zu hören, mit dem Herzen eines anderen zu fühlen« (Adler 1928b, 1982, S. 224). Sie ermöglicht die Kooperation mit anderen auf dem Hintergrund nicht gleichartiger, sondern gleichwertiger Beziehungen. Den nur gemeinsam zu bewältigenden Herausforderungen des Lebens kann damit begegnet werden.

Für jüngere Autoren wie Antoch (2006) und Eife (2011) realisiert sich im Gemeinschaftsgefühl das Selbstsein im Bezogensein. In der Begegnung bzw. Überlappung des eigenen Selbst mit dem der anderen ist das auftauchende Gefühl von Zusammengehörigkeit »die unmittelbare Erfahrung des Lebens selbst« (Eife, 2011, S. 309). Es entspringt aus der Erfahrung tiefer Verbundenheit mit dem eigenen Leben, mit den Mitmenschen und der Welt. »Das Selbst ist immer im Gemeinschaftsgefühl und das Gemeinschaftsgefühl ist immer im Selbst« (Eife 2011, S. 309).

Aus dem Bewusstsein der Zusammengehörigkeit, der Bereitschaft zur Einfühlung und zur Kooperation entsteht der allgemeine Nutzen,

---

6 Mit dieser Ausrichtung wird das Gemeinschaftsgefühl für Adler zu weit mehr als einem psychologischen Konzept. Ihm wird eine moralphilosophische bzw. metaphysische Bedeutung als »Sinn des Lebens« (Adler 1933) zugesprochen.

3.3 Das Gemeinschaftsgefühl

den Adler als das wesentliche Kennzeichen entwickelten Gemeinschaftsgefühls herausstellt. Handlungen mit Gemeinschaftsgefühl liegen auf der »allgemein nützlichen Seite« des Lebens. Sie dienen den Interessen aller, während Handlungen ohne Gemeinschaftsgefühl auf der »allgemein unnützen Seite« des Lebens anzusiedeln sind. Sie stellen die persönliche Überlegenheit und den Eigennutz – das eigene Ich – in den Vordergrund.

Das Kriterium der »allgemeinen Nützlichkeit« für Gemeinschaftsgefühl beinhaltet nicht die passive Anpassung an die Setzungen und Erwartungen einer bestehenden Gesellschaft. Da sie von dem Ideal einer vollkommenen Gesellschaft abweicht, bedeutet allgemeine Nützlichkeit die aktive »Überwindung der gegenwärtigen Realität zugunsten einer besseren« (Adler 1933a, 1973, S. 69). Hierzu sind Mut und Selbstständigkeit als evolutionäre Momente des Gemeinschaftsgefühls erforderlich.

Die Beantwortung der sich jedem Individuum stellenden Lebensaufgaben gibt Aufschluss darüber, wieweit die Person ihr Leben als Mitmensch zu führen bereit ist. Diese Lebensaufgaben ergeben sich aus der Logik des Zusammenlebens, in sämtlichen menschlichen Gruppen aufeinander angewiesen zu sein. Im Einzelnen handelt es sich um folgende Herausforderungen, zu denen sich jeder Mensch im Sinne seines Gemeinschaftsgefühls positionieren muss:

- zur *Mitmenschlichkeit in sozialen Beziehungen*: Aufgrund der grundlegenden Zusammengehörigkeit mit anderen Menschen kommt dieser Lebensaufgabe für Adler eine zentrale Bedeutung zu. Er unterscheidet den Typ des Mitmenschen und Mitspielers von dem des Neben- oder Gegenmenschen. Mitmenschlichkeit erfordert das Gefühl der Verbundenheit mit einem engeren oder weiteren Kreis, ein soziales Interesse am gesellschaftlichen Leben und den Wunsch, »sich vom sozialen Standpunkt aus ganz allgemein nützlich zu machen« (Adler 1930a, 1979, S. 67).
- zur *Tätigkeit im Beruf*: Die Berufswahl ist das Resultat einer längerfristigen Interessensentwicklung und ggf. eines lebenslangen Trainings. Entscheidend ist, dass das Kind bei der unterschwelligen Entwicklung seiner Motive für einen Beruf einen Sinn für das ge-

sellschaftliche Ganze ausbildet und seine Kräfte zur Erfüllung des Gemeinschaftsgefühls einsetzt.

- *zum Umgang mit Liebe, Erotik, Sexualität*: Bei der Erfüllung dieser Lebensaufgabe kommt es darauf an, den anderen als Freund, Partner und Gleichen vorbehaltlos anzunehmen. Jeder der beiden muss in dem Gefühl leben, für den anderen wertvoll und unersetzlich zu sein.
Dieses schließt einen unbefangenen Umgang mit Sexualität mit ein. »Und auch hier gilt..., dass nicht Triebe und Instinkte sich gegenüber dem Individuum als Teile selbstständig machen können, sondern dass es darum geht, Stellung zu beziehen. Denn selbst der (nach Freud unmittelbare) Primärvorgang ist nach individualpsychologischer Auffassung kein Stück roher Natur, kein Reflex, sondern... eine Stellungnahme zu einer Lebensaufgabe« (Antoch 1985, S. 250).[7]

Im Umgang mit den Lebensaufgaben schlüsselt sich für Wexberg (1930, 1987) das Gemeinschaftsgefühl in folgende Merkmale auf:

1. *Sachlichkeit:* Nur der Mitmensch ist imstande, »objektiv« zu bleiben und seine eigene Person gegenüber der Sache hintanzustellen.
2. *Logik im Denken:* Folgerichtigkeit ergibt sich nur aus dem Mut, konsequent den Sachverhalten nachzugehen, ungeachtet ich-hafter Vorurteile und Bedürftigkeiten, die den Blickwinkel einengen.
3. *Bereitschaft zur Leistung:* Der Mitmensch ist willig, etwas für den Nutzen der Allgemeinheit zu tun und durch seinen Beitrag am Bestand und an der Weiterentwicklung der Gesamtheit mitzuwirken.
4. *Bereitschaft zur Hingabe an Natur und Kunst:* Das Gemeinschaftsgefühl kann nicht haltmachen vor der außermenschlichen Welt. Es äußert sich in Verbundenheit mit dem Kosmos und dem Leben sowie mit den Schöpfungen der Kunst, in denen sich das menschliche Gefühl in sublimer Form darstellt.

---

7 Später, zumindest an einer Stelle (Adler 1930d), ergänzt Adler die Reihe der Lebensaufgaben noch um die Stellung zu Kunst und schöpferischer Gestaltung.

5. *Verantwortung für Tun, Vorstellen und Empfinden:* Der Mitmensch weiß sich verantwortlich für seine Lebensgestaltung und übernimmt auch Verantwortung für andere.

In Adlers Spätschriften wird die Verwirklichung des Gemeinschaftsgefühls zum wichtigsten Kriterium psychischer Gesundheit.[8] Kennzeichnend für die neurotische Entwicklung ist ihre Abwendung von der Logik des Zusammenlebens (des »Common Sense«). In seinen Versuchen, das in der Kindheit angelegte Insuffizienzgefühl durch Strebungen nach Überlegenheit und Stärke zu kompensieren, hält der neurotisch Kranke Abstand zu den mitmenschlichen Forderungen und nimmt anderen gegenüber eine feindliche Haltung ein. Im zwischenmenschlichen Zusammenleben gerät er durch seine ich-haften Sicherungen auf Dauer an den Rand der sozialen Lebenswirklichkeit. Angesichts eines Lebens, das nur gemeinsam bewältigt werden kann, verstärkt sich das Gefühl von Wertlosigkeit und Nutzlosigkeit. Wiederholte Anstrengungen, durch ich-hafte Überkompensation diesem peinigenden Empfinden zu entfliehen, führen statt zu einer Lösung umso tiefer hinein in den Teufelskreis von Insuffizienzgefühlen auf der einen und vergeblichen Überwindungsstreben auf der anderen Seite.

Gemeinschafts- und Selbstwertgefühl bedingen sich demnach gegenseitig. Ein seelisch gesunder Mensch mit sicherem Selbstwert kann sein Potential zur Weiterentwicklung eines größeren Ganzen einsetzen und so seinen eigenen Wert weiter stärken. Zudem kann er in der Verwirklichung des Gemeinschaftsgefühls – durch gelebte Zusammengehörigkeit, Einfühlung, Nützlichkeit und Kooperation – den Sinn des Lebens für sich ausfindig machen. Das Gemeinschaftsgefühl bekommt damit auch eine orientierende Funktion in Bezug auf ethisch wünschenswertes Handeln.

---

8 In diesem Zusammenhang ist auf die Freudsche Definition für »seelische Gesundheit« als Zustand der Arbeits-, Liebes- und Genussfähigkeit zu verweisen. Diese Kriterien stimmen mit den aus dem Gemeinschaftsgefühl abgeleiteten Lebensaufgaben weitgehend überein, denen sich jeder Mensch gemäß der Logik des Zusammenlebens zu stellen hat.

Sein übergreifender Geltungsbereich lässt das Gemeinschaftsgefühl zum zentralen Thema der individualpsychologischen Erziehung, Beratung und Psychotherapie werden (Seidenfuß 1995). Für das Behandlungsvorgehen ist ein tiefgreifendes Verständnis der individuell geprägten Vorannahmen notwendig, die für es konstituierend sind. Sie resultieren aus der bereits in der frühen Kindheit einsetzenden Auseinandersetzung eines jeden mit den Tatsachen des Lebens. Sie werden zum Leitmotiv der persönlichen Entwicklung. Für die Individualpsychologie stellen diese Einstellungsmuster den sog. »Lebensstil« dar, der in Bezug auf die Entfaltung des Gemeinschaftsgefühls zu erkennen und zu bearbeiten ist.

3.4 Der Lebensstil

Der Begriff Lebensstil taucht erst ab 1926 in Adlers Schriften auf, obwohl sein theoretischer Hintergrund bereits viel früher im individualpsychologischen Gedankengut vorhanden ist. Er basiert auf der Vorstellung von der Einheit der Persönlichkeit, mit der sich Adler von der Konflikttheorie Freuds abgrenzt. Sie hebt seiner Auffassung nach abgesonderte Teile der Persönlichkeit hervor und übersieht dabei in deren Analyse die Person als Ganzes. Für das Individuum trifft aber zu, dass es auf die unterschiedlichen Herausforderungen des Lebens stets in einer nur für es typischen Weise reagiert. Adler verwendet dafür musikalische Begriffe wie den der Grundmelodie oder des Grundtons. »Wir suchen nach dem Grundton... nach der Stellungnahme dieses Individuums zum Leben, nach seinem Lebensstil« (Adler 1927b, 1982, S. 199).

In früheren Schriften spricht er von einem individuellen Leitbild, das sich in früher Kindheit entwickelt (Adler 1912, 1972). An ihm richtet das Individuum sein Handeln aus. Ein ganzheitliches Verstehen kann damit in sämtlichen Ausdrucksformen der Person einen seelischen Bewegungsprozess zur Erreichung eines fiktiven Ziels der Überwindung erkennen. »Ein derartig einheitliches Handeln kann nur verstanden werden, wenn man annimmt, dass das Kind einen *einheitlichen fixen Punkt außerhalb seiner selbst* gefunden hat, dem es mit seinen seelischen Wachstumsenergien nachstrebt. Das Kind muss also eine Leitlinie, ein *Leitbild* gestaltet haben, in der Erwartung, sich so in seiner Umgebung am besten zu orientieren und zur Bedürfnisbefriedigung, zur Vermeidung von Unlust, zur Erzielung von Lust zu gelangen« (Adler 1912, 1972, S. 66).

Unter dem »Lebensstil«, der in späteren Schriften an die Stelle des Leitbild-Begriffs tritt, versteht Adler demnach das hochindividuelle Resultat *schöpferischer Auseinandersetzung* mit der mitmenschlichen und dinglichen Umwelt. In seiner Entstehung ist er mit dem schöpferischen Akt in der Herausarbeitung eines »Stils« in Kunst oder Literatur vergleichbar. Als vereinheitlichendes und damit sinnstiftendes Prinzip der Persönlichkeit ist er »die Linie, die einer verfolgt« (Adler 1920, 1974, S. 20). Mit ihr werden verschiedene Charakterzüge einer Person vereinigt und auf einen Hauptnenner gebracht. Demnach bleibt auch die Einheit bei zwei sich offensichtlich widersprechenden Tendenzen bestehen. In ihrem gemeinsamen Dienst, das fiktive Ziel der Überwindung zu erreichen, bedingen oder ergänzen sie einander.[9]

Im Einzelnen entsteht der Lebensstil durch die Abstraktion einer Vielfalt von konkreten Wahrnehmungen, Eindrücken und Erfahrungen. Gleichsam trägt er einen statischen Charakter, indem an den durch Abstraktion entstandenen Anschauungen selbst dann festgehalten wird, wenn ursprüngliche Bedingungen nicht mehr bestehen (»Der Lebensstil ist der Kritik, auch der Kritik der Erfahrung, entzogen«; Adler 1933a, S. 25). Der Lebensstil erfüllt zudem die Funktion eines Abwehr- und Sicherungsmechanismus, da er vor neuen, möglicherweise ängstigenden Erfahrungen zu schützen versucht. Und, last but not least, wirkt er auf diese Weise im Sinne einer sich-selbst-erfüllenden-Prophezeiung. Er führt diejenigen Erfahrungen herbei, die das Individuum in seinen Vorannahmen bestätigt.

---

9 Bei der Entwicklung des Lebensstil-Konzepts zieht Adler enge Verbindungen zur Gestalt- und Ausdruckspsychologie. Insbesondere beruft er sich auf den Ausdruckspsychologen Klages, dem er die Wortschöpfung »Leitbild« verdankt (Adler 1914).

Für die unendliche Vielfalt der kindlichen Erfahrungsmöglichkeiten, die durch Abstraktion – quasi in »geronnener Form« – in die Gestaltung des Lebensstils einfließen, sind aus individualpsychologischer Sicht in erster Linie folgende Bereiche zuständig:

- das Familienklima

sowie

- die Geschwisterkonstellation.

Sie können als wesentliche Elemente angesehen werden, deren Inhalte im Wechselspiel zueinander den Lebensstil konstituieren. Sie finden demnach auch im therapeutischen Vorgehen besondere Berücksichtigung, z. B. bei der sog. »Lebensstil-Analyse«. Hierbei handelt es sich um eine genuin individualpsychologische Diagnosemethode, um vor allem über die ersten Kindheitserinnerungen Zugang zum Lebensstil zu gewinnen (▶ Kap. 4.2).

3.4.1 Das Familienklima als lebensstilbildendes Element

Das Beziehungsgeschehen in der Familie ist für die körperlich-seelische Entwicklung des Kindes von entscheidender Bedeutung. Im Miteinander der Familienmitglieder übt sich das Kind in die Formen der Wirklichkeitsgestaltung ein, die auch für sein späteres Leben ausschlaggebend sein werden. In der Positivvariante bedeutet die Familie das Lernfeld, in dem das Kind kooperative und kreative Antworten auf die sich stellenden Anforderungen entwickelt. Im negativen Fall bietet die Familie den Nährboden für die Entstehung einer Neurose.

Pathogen wirksame Bedingungen sind einmal im Außenkontakt der Familie mit ihrer Umwelt zu suchen, das andere Mal entstehen sie im Binnenkontakt der Familienmitglieder untereinander. In Bezug auf die Außenwelt hebt Adler (1928c, 1982) Isolierung und Besonderung als zwei typische Fehlformen hervor. Die Isolierung stellt den unbewussten Versuch der Eltern dar, »sich innerhalb der Familie die Geltung zu verschaffen, die ihnen die Außenwelt verwehrt hat« (Adler 1928e, 1973, S. 222). Mit der Besonderung umschreibt er die Familienform, die sich mit dem Anspruch nach besonderer Vornehmheit und Exklusivität von den anderen abhebt. Die Folge des »Familienegoismus« ist die überhebliche Einstellung des Kindes, sich als Besseres zu betrachten und sich auf Kosten des Gemeinschaftsgefühls von anderen zu distanzieren. Prägend für eine solche Haltung können auch vorausgehende Generationen sein, die ihre neurotischen Einstellungsmuster im Sinne einer »nervösen Familientradition« an ihre Nachkommen weitergegeben haben (Adler 1930b, 1974).

Die Binnenverhältnisse innerhalb einer Familie werden in ihrem ganzheitlichen Zusammenhang durch die Beschreibung des »Familienklimas« bzw. der »Familienatmosphäre« erfasst. Hierzu zählen sämtliche Einstellungen, Werte, Sitten, Konventionen, normative Haltungen der engsten Bezugspersonen. Sie schaffen die in einer Familie vorherrschende Stimmung – die »Familienluft« (Adler 1925, 1982, S. 87).

Eine Systematik möglicher Familienatmosphären hat Titze (1979) erstellt. Er nennt:

- Die *ablehnende* Familienatmosphäre mit Eltern, die zu rigorosen Erziehungsmaßnahmen neigen und die Kinder als solche ablehnen.
- Die *autoritäre* Familienatmosphäre, in der Härte und Strenge vorherrschen, die Kinder jedoch geschont werden, wenn sie sich entsprechend den elterlichen Vorstellungen verhalten.
- Die *leidensvolle* Familienatmosphäre, in der mindestens eine Bezugsperson die Rolle des »Märtyrers« übernommen hat und durch vermeintliche Leiden und Opfer die Umwelt moralisch ins Unrecht zu setzen versucht.
- Die *repressive* Familienatmosphäre, in der mindestens ein Elternteil in zwanghafter Weise auf das Handeln, Denken und Fühlen der Kinder Einfluss zu nehmen versucht. Die möglichen Freiräume der Familienmitglieder, besonders der Kinder, werden systematisch kleingehalten oder ganz eliminiert.
- Die *hoffnungslose* Familienatmosphäre, die weniger durch spezifische Persönlichkeitsmerkmale der Eltern als durch negative äußere

Bedingungen (wie Armut, Arbeitslosigkeit, Gewalttätigkeit, Alkoholismus usw.) geprägt ist.
- Die *herabsetzende* Familienatmosphäre mit Eltern, die andere Menschen und auch die eigenen Kinder herabsetzen und durch ständige Kritik entmutigen.
- Die *disharmonische* Familienatmosphäre, die durch einen permanenten Machtkampf der Eltern entsteht.
- Die *konkurrierende* Familienatmosphäre mit einem überhöhten Leistungsstreben und der Forderung, stets das Beste und mehr als andere zu leisten.
- Die *anspruchsvolle* Familienatmosphäre, in der – wie in der konkurrierenden – Leistungsstreben gilt, dieses in ihrem Falle aber der Aufrechterhaltung bzw. Erhöhung des Status dient.
- Die *materialistische* Familienatmosphäre, in der die Anhäufung von materiellem Besitz bei gleichzeitiger Angst vor Verarmung das vorrangige Ziel ist.
- Die *überfürsorgliche (»verzärtelnde«)* Familienatmosphäre mit einem nicht-realitätsgerechten Verwöhnklima für die Kinder.
- Die *mitleidsvolle* Familienatmosphäre als Variante der überfürsorglichen, die in Familien anzutreffen ist, in denen ein Familienmitglied in irgendeiner Weise körperlich oder geistig behindert ist oder einen schweren Schicksalsschlag hinnehmen musste.
- Die *inkonsequente* Familienatmosphäre mit einem »launischen« und unberechenbaren Elternteil, das Kindern nicht die Möglichkeit zu einer stabilen Orientierung bietet.
- Die *demokratische* Familienatmosphäre, in der Kindern gleichbleibend und ohne Bevorzugung vor anderen Geschwistern mit Wärme und Verständnis begegnet wird, auch wenn ihre Handlungsweisen negativ sind. Das setzt die Fähigkeit der Eltern voraus, zwischen »Tat« und »Täter« zu unterscheiden (vgl. Dreikurs 1975).

Der Einteilung entspricht eine Kategorisierung der Familienatmosphäre von Seelmann (1982). Danach kann das familiäre Klima geprägt werden von: *Vernachlässigung, Lieblosigkeit, Ängstlichkeit, Verwöhnung, Leistungsüberforderung, Launenhaftigkeit, Zuträglichkeit.*

3.4 Der Lebensstil

Die jeweiligen Familienatmosphären vermitteln sich vornehmlich über die elterlichen Erziehungspraktiken. Sie bestimmen die Qualität der kindlichen Beziehungserfahrungen als für die Entwicklung des individuellen Lebensstils besonders bedeutsamer Faktor. Die praktizierten Erziehungsstile sind wesentlich dafür verantwortlich, welche Vorannahmen und Meinungen von sich und der Welt, d. h. welchen Lebensstil das Kind für sich als gültig ansieht.

In der Individualpsychologie werden zwei Grundtypen von Erziehungsstilen unterschieden: der erste zielt auf die *Ermutigung* des Kindes, der zweite auf seine *Entmutigung*.

Der ermutigende Erziehungsstil fördert das Selbstvertrauen und stärkt persönlichen Mut. In seiner optimistischen Haltung dem Menschen gegenüber vertritt Adler die Meinung:»Richtige Erziehung ist die Methode zur Entwicklung des Einzelnen, mit all seinen ererbten Fähigkeiten und Unfähigkeiten. Durch Mut und Training lassen sich Unfähigkeiten sogar soweit kompensieren, dass sie zu großen Fähigkeiten werden« (Adler 1929b, 1981, S. 24). Bereits in seiner Arbeit zur Organminderwertigkeit (1907, 1977) hat er anhand von Beispielen die Bemühungen um eine geglückte Kompensation illustriert. Er verweist auf Staatsmänner und Künstler, die trotz ihrer Benachteiligungen hervorragende Leistungen vollbracht haben: Demosthenes als größter Redner der Antike war ein Stotterer, Beethoven und Smetana litten an Gehörfehlern, viele Maler hatten Augenanomalien, Toulouse-Lautrec war ein verkrüppelter Zwerg. Ihnen ist gemeinsam, dass sie nicht in Mutlosigkeit und Abhängigkeit versunken sind, sondern sich produktiv mit ihren Schwächen auseinandergesetzt haben.

Die bejahende Unterstützung bei der Suche und Ausbildung von Kompensationsmöglichkeiten ist eine Zielsetzung des ermutigenden Erziehungsstils. Eine andere ist die, dem Kind Beziehungserfahrungen von Verbundenheit und Zugehörigkeit und damit die Orientierung auf die Gemeinschaft zu vermitteln. Zu diesem Zwecke

- begegnet der Erziehende dem Kind mit Warmherzigkeit und Freundlichkeit, bringt ihm unbedingtes Vertrauen und Wohlwollen entgegen,

- nimmt er Zielperspektiven des Kindes und die zu ihrer Erreichung eingesetzten Mittel sensibel wahr,
- geht er verständnisvoll und geduldig auf das Kind ein, regt es zur Darstellung seiner Schwierigkeiten an und steht als Helfer zur Seite,
- ist er durch die Art des Umgangs mit dem Kind Modell für soziale Gleichwertigkeit und Gemeinschaftsverbundenheit,
- gewährt er Selbstständigkeit der Entscheidungen und steht als Berater zur Verfügung,
- fördert er kooperative Arbeits-, Lern- und Umgangsformen.

In der konsequenten und bewussten Anwendung dieser Prinzipien vermittelt sich dem Kind die Erfahrung, etwas wert zu sein. Es wird in dem Glauben an die eigenen geistigen und körperlichen Kräfte bestärkt. Es lernt, sich selbst und andere zu akzeptieren, sich sozial einzuordnen und seine Gestaltung des Lebensstils an der Gemeinschaft zu orientieren (Adler 1930c, 2015, S. 49).

Demgegenüber steht als Gegenpart der entmutigende Erziehungsstil. Er ist aus Sicht der Individualpsychologie einmal durch Merkmale der *Härte und Lieblosigkeit* und das andere Mal der *Verwöhnung (Verzärtelung)* gekennzeichnet. Beide Stile bewirken, dass das Kind in seiner Entwicklung gehemmt wird und einen zunehmenden Selbstwertverlust erfährt. In Bezug auf die Entwicklung des Lebensstils stellt sich eine ich-hafte, der Sicherung des beschädigten Selbstwertgefühls dienende Orientierung ein.

Bei dem Erziehungsstil der Härte und Lieblosigkeit geht es dem Erzieher um die Ausübung von Macht. Der Umgang mit dem Kind ist geprägt durch

- Betonung der äußeren Autorität und Disziplin,
- Tadel und Kritik,
- rigides Sanktionsverhalten,
- Lenkung, Kontrolle und Befehl,
- geringes Verständnis für kindliche Bedürfnisse,
- geringes Interesse an der das Gemeinschaftsgefühl des jungen Menschen fördernden Ausgestaltung der sozialen Beziehungen.

3.4 Der Lebensstil

Nach Adler (1930 b, 1974) ist ein solcher Erziehungsstil oftmals Folge der harten Erziehung des Erziehenden selbst. Das Kind soll dann nicht glücklicher sein als er es selbst als Kind gewesen ist.

Die Auswirkungen des durch Härte geprägten Erziehungsstils kennzeichnet Adler (1928c, 1982) dadurch, dass sich autokratisch erzogene Kinder wie im »Feindesland« fühlen und sich dementsprechend verhalten. Entmutigt und sich minderwertig fühlend sind sie übervorsichtig, reizbar und in Kampfstellung. Eine Entfaltung eines genügenden Gemeinschaftsgefühls ist ihnen nicht möglich. Für Kausen (1977) stellen sich die Folgen einer autokratischen Erziehung auf die Persönlichkeitsentwicklung des Kindes so dar: »Der Autokrat, dem es um die Autorität der eigenen Person geht, ... erzieht zu Unsicherheit, Feigheit, Verantwortungsscheu, Umgehen der Lebensschwierigkeiten... zu Hochmut, Strebertum, Herrschsucht, Intoleranz, Neid, Egoismus. Das Ergebnis ist die Auflösung der Gemeinschaft« (zit. nach Benkmann 1985, S. 112).

Merkmal der verwöhnenden bzw. verzärtelnden Erziehung ist ein durch übertriebene Nachsicht und Milde geprägter Umgang mit dem Kind. Es wird mit Zärtlichkeiten überhäuft und von Sorgfalt erdrückt. In ständiger Bereitschaft ist der überbesorgte Erwachsene da, um Unbilden des Lebens von dem Kind fern zu halten. Kleine Anfälligkeiten des Kindes werden überbewertet, Widerstände aus dem Weg geräumt, sämtliche Wünsche und Ansprüche kritiklos und ohne Gegenleistung erfüllt.[10]

Das »Treibhausklima«, in dem das Kind aufwächst, vermittelt ihm den Eindruck, eine besondere Person zu sein. Gleichzeitig beinhaltet die mangelhafte Vorbereitung auf die Wirklichkeit die Entmutigungserfahrung, sich den Herausforderungen der Außenwelt zu stellen. Aufgrund des unterentwickelten Gemeinschaftsgefühls und des mangelnden Selbstvertrauens, Widerstände aus eigener Kraft zu bewältigen, können bei einem Entzug der Privilegien (z. B. in der Schule) massive Störungen wie Weglaufen, Einnässen, Angstverhalten auftreten mit

---

10 Eine moderne Variante der Überbehütung ist die ständige Überwachung des Kindes gepaart mit einem massiven Bildungsdruck durch sog. »Helikopter-Eltern«. Die ständige kontrollierende Omnipräsenz der Eltern resultiert – so Winterhoff (2008) – aus einem Mangel an Selbstsicherheit, Orientierung und Anerkennung, der an den Kindern kompensiert werden soll.

dem Ziel, die verlorengegangene Aufmerksamkeitszuwendung zu ertrotzen. Die Symptome sind somit Ausdruck einer Anpassungskrise an eine raue Lebenswirklichkeit.

In Bezug auf den Lebensstil entsteht das Vorstellungsbild der »Besonderung«, aus dem sich in der privaten Logik des Individuums (▶ Kap. 3.7) das Recht auf Haben-, Genießen- und Gelten-Wollen ableitet. Zwischenmenschliche Kollisionen und Konflikte werden unvermeidbar, wenn die Umwelt den Ansprüchlichkeiten des verwöhnten Individuums nicht gerecht wird. Leiden und Angst, aber auch Zärtlichkeit und Anschmiegsamkeit können dann als Mittel eingesetzt werden, um die Bezugspersonen in die entsprechende Richtung zu manipulieren (Künkel 1939, zit. nach Benkmann 1985, S. 113).

3.4.2 Die Geschwisterkonstellation als lebensstilbildendes Moment

Nach Seelmann (1982) hat sich Adler als erster mit der Bedeutung der Geschwisterkonstellation für die individuelle Persönlichkeitsentwicklung befasst. Demnach kommt der Geschwisterreihung ein wichtiger Stellenwert bei der Entwicklung des individuellen Lebensstils zu. Sie bestimmt die Interaktion des Kindes mit seinen Geschwistern und stellt auf diese Weise die grundlegende Erfahrungsebene zum Erlernen und Einüben lebensstiltypischer Beziehungsmuster dar.

Kinder können dementsprechend abhängig von ihrem Platz innerhalb der Geschwisterreihe bestimmte Charakterprägungen aufweisen. Ohne zu typisieren, ist es offensichtlich, dass sich die Erfahrungsbedingungen eines Einzelkindes wesentlich von denen eines Ältesten oder Jüngsten in einer Reihe von Geschwistern unterscheiden. Das Einzelkind erfährt bei liebenden Eltern über lange Zeit deren besondere Beachtung und Zuwendung, wenn nicht gar Verwöhnung. Es kann dabei auch in der Angst leben, dass sich die symbiotische Beziehung zu den Eltern, insbesondere zur Mutter, auflösen könnte – sei es, dass noch Geschwister nachkommen oder dass der Vater als möglicher Konkurrent um die Zuneigung der Mutter auftritt. In Bezug auf die Dreieckskonstellation von Vater, Mutter und Kind interpretiert Adler den Ödipuskomplex neu, indem er ihn als Gleichnis versteht für die Lebenssituation eines verzärtelten Kindes: es will den Vater beseitigen, um die Mutter für sich zu behalten (Heisterkamp 1985).

Diese Konstellation trifft nicht für erste Kinder zu, die für Eltern aus welchen Gründen auch immer (z. B. »falsches« Geschlecht, »ungünstiger« Zeitpunkt) unerwünscht sind. Sie kann das Schicksal der Vernachlässigung und der Lieblosigkeit treffen mit den entsprechenden lebensstiltypischen Auswirkungen.

Wird aus dem Einzigen durch die Geburt eines Geschwisterkindes ein Ältestes, wird er aus seiner bevorzugten Position verdrängt. Er erfährt eine Entthronung, die zum Ursprung lebenslanger Rivalitätskämpfe mit dem Zweitgeborenen werden kann. Das ältere Kind entwickelt dabei ein besonderes Interesse an der Vergangenheit als der Zeit, in der es noch im Mittelpunkt gestanden hat (Adler 1931a, 1979). Aus der Neigung zum Konservatismus (»Es hätte so bleiben sollen, wie es war«) vertritt es die schon damals geltenden Regeln und Gesetze gegenüber dem Jüngeren. Auch kann es dem Vorbild der Eltern nachahmen. Es übernimmt die Beschützerrolle gegenüber dem Jüngeren und übt auf diese Weise Macht über ihn aus.

Das zweitgeborene Kind hingegen hat von Geburt an ein Geschwister mit einem Entwicklungsvorsprung vor sich. Dieses kann auf der einen Seite als Vorteil verstanden werden, da es seine ganze Kindheit über einen »Schrittmacher« in der Person des Älteren vor sich hat. Somit wird das Zweitgeborene angeregt, sich anzustrengen und aufzuschließen. Besteht auf der anderen Seite das Grundmotiv des Wettkampfes zwischen ihm und dem Ältesten, kann die vorherrschende Stimmung die des Zurückgesetzt-Seins sein. »In späteren Entwicklungsphasen ist das zweitgeborene Kind kaum in der Lage, die strenge Führerschaft anderer zu ertragen oder die Vorstellung »ewiger« Gesetze zu akzeptieren. Es wird eher geneigt sein zu glauben, ... dass es in der Welt keine Macht gibt, die nicht gestürzt werden kann« (Adler 1929b, 1981, S.119).[11]

---

11 In diesem Zusammenhang weisen individualpsychologische Autoren auf die Rivalität zwischen Freud und Adler hin. Sie interpretieren den Konkurrenzkampf zwischen beiden als den Kampf zwischen einem Erst- (Freud) und Zweitgeborenen (Adler) (Sperber 1983).

Dreikurs (1969) sieht zwischen erstem und zweitem Kind die größten Persönlichkeitsunterschiede und erklärt sie aus der Rivalität um die Beachtung der Eltern. Was der eine schätzt, wird vom anderen abgelehnt, wo der eine Erfolg hat, wird der andere aufgeben, wo der andere seine Schwächen zeigt, wird der eine sich um Erfolg bemühen. Auf diese Weise betonen beide ihre gegensätzliche Individualität.

Die Verhältnisse verändern sich wieder, wenn ein drittes Kind hinzukommt. Das zweitgeborene Kind erfährt ebenfalls eine Entthronung und gerät in ein Spannungsfeld zwischen progressiv und regressiv gerichteten Entwicklungstendenzen. Es kann sich dem Neugeborenen annähern und wieder kleinkindhafte Bedürfnisse entwickeln. Es kann sich aber auch an den Normsetzungen des Älteren orientieren und somit Vorbildfunktion übernehmen. Bei einer Konstellation, in der sich ältestes und jüngstes Kind eng miteinander verbinden, besteht die Möglichkeit, dass das Zweitgeborene aus der Familie hinausdrängt und in der Gruppe der Gleichaltrigen seine Position sucht. Bei einem vierten Geschwisterkind könnte er wiederum dieses »adoptieren« und damit das Gleichgewicht in der Geschwisterreihe herstellen.

Die Beziehung zwischen dem erstgeborenen und dem drittgeborenen Kind ist in der Regel unproblematischer als die zwischen Ältestem und Zweiten. Das Dritte stellt weniger Ansprüche auf eine Sonderbehandlung als das Zweite und akzeptiert leichter die vorrangige Position des ältesten Kindes. Es ordnet sich unter, ohne auf die Entwicklung individueller Charakterzüge zu verzichten (Seelmann 1982).

Eine Sonderrolle in der Geschwisterkonstellation nimmt das jüngste Kind ein. Handelt es sich um ein Drittgeborenes mit großem Altersabstand zu den zwei Älteren, hat der Nachkömmling viele »Schrittmacher« und ist nie »entthront« worden. Als »Nesthäkchen« von allen umsorgt und von den Leistungsansprüchen, die an die Älteren gerichtet sind, weitgehend befreit, kann sich der Eindruck von einer Favoritenrolle einstellen. Die darin verborgenen überzogenen Erwartungen können zu späteren Schwierigkeiten führen, indem sie die Anpassung an die raue Wirklichkeit erschweren.

Andererseits können die vielfältigen Anregungen, die dem Jüngsten durch die älteren Geschwisterkinder geboten werden, zu außerordentlichen Leistungen motivieren, so dass die anderen alle überholt werden.

Die Überlegungen zu den Auswirkungen der Geschwisterkonstellation werden durch eine Vielzahl von Kontextfaktoren relativiert. Der Altersabstand zwischen den Kindern oder die Geschlechterverteilung in der Geschwisterreihe sind Beispiele für weitere Einflussfaktoren auf die Ausgestaltung der Geschwisterrolle. Auch ergibt sich ein Unterschied, wenn ein Kind auf ein verstorbenes Geschwister folgt oder wenn eines der Kinder innerhalb der Reihe schwer erkrankt usw. Insofern determiniert nicht die bloße Rangfolge in der Geburtenreihe die Lebensstilentwicklung, »sondern die Situation, in die das Kind hineingeboren wird, und die Art, in der es sie deutet« (Adler 1929b, 1981, S. 110). Nichtsdestotrotz erschließt sich der Lebensstil eines Menschen leichter, wenn die Geschwisterkonstellation mit Berücksichtigung findet.

3.5 Aggressionstrieb, Triebverschränkung und -verwandlungen

In der Auseinandersetzung mit Freud spielte – wie oben bereits dargestellt – die unterschiedliche Bewertung Adlers zur Bedeutung des Sexualtriebs eine wesentliche Rolle. Im Gegensatz zu Freud sah er in der sexuellen Energie der Libido keineswegs das alleinige Agens, welche das Seelenleben bestimmt. Er relativiert die Wirksamkeit der Libido, indem er sie auf die Sphäre der Sexualorgane begrenzt. Daneben stellt er Triebe, die anderen Organen wie den Sinnesorganen, dem Ernährungstrakt, dem Bewegungsapparat oder den Ausscheidungsorganen zugeordnet werden. Sie treten beispielsweise als Esstrieb, Trinktrieb oder Schautrieb in Erscheinung. Triebe sind demnach für Adler in ihrer Gesamtheit »primäre Organbetätigungen« im Sinne von Reflex- und Funktionsabläufen zur Befriedigung der Organbedürfnisse und zum Lusterwerb.

Unter den Trieben nimmt der Aggressionstrieb eine besondere Bedeutung ein. Er ist nach Adler als »eine Stellungnahme dem Leben und seinen äußeren Anforderungen gegenüber« zu beschreiben (Adler

1930, zit. nach Rogner, 1995, S. 16). »Wie einer seine Aufgaben anpackt, daran kann man ihn erkennen. Diese seine Haltung hat immer etwas Angreifendes. Erst in weiterer Entwicklung können Züge des Zuwartens oder des Ausweichens hinzutreten. Ich nannte die Summe dieser Erscheinungen den »Aggressionstrieb«, um zu bezeichnen, dass der Versuch einer Bemächtigung, einer Auseinandersetzung damit zur Sprache käme« (Adler 1908a, 1973, S. 53).

Aggression wird somit im Sinne des ursprünglichen lateinischen Verbs »aggredi« (»angreifen, herangehen, darangehen«) verstanden und ist nach Adlerscher Lesart organmäßig dem Bewegungsapparat zugeordnet. Darüber hinaus kommt der Aggression als Stellungnahme gegenüber dem Leben eine spezifische Funktion im psychischen Überbau der Person zu. Sie bezeichnet ein »übergeordnetes, die Triebe verbindendes psychisches Feld« zur »Erkämpfung einer Befriedigung« (Adler 1908a, 1973, S. 58).

Ein Merkmal des Aggressionstriebes wie auch der anderen mit den verschiedenen Organsystemen korrespondierenden Triebe ist, dass sie untereinander assoziiert sein können. Es finden sog. Triebverschränkungen[12] statt, die den Aggressionstrieb mit der Sexualität, die Sexualität mit dem Schautrieb usw. paaren (Adler 1908a, 1973). Aus den jeweiligen Triebverschränkungen ergibt sich die für jede Person unverwechselbare Persönlichkeitsstruktur.

Der Ausdruck von Triebregungen unterliegt kulturellen Vorgaben und damit – je nach Kultur – spezifischen Hemmungen. Gehemmte Triebe sind mit ihren jeweiligen kulturellen Abwandlungen im Bewusstsein präsent, ungehemmte hingegen unterliegen Triebverwandlungen.[13] Als Beispiele hierfür sind zu nennen: die Verkehrung des

---

12 Der Begriff Triebverschränkung wird von Freud unter Bezugnahme auf Adler übernommen (Freud 1909) und nimmt seitdem in seiner Psychoanalyse – wenn auch nicht in voller Übereinstimmung zur Adlerschen Konzeption – einen festen Platz ein.
13 Auch die Triebverwandlungen sind in die Freudsche Theorie eingegangen, ohne dass explizit auf Adler verwiesen wird. Die Triebverwandlungen »Verkehrung des Triebes in sein Gegenteil« und »Richtung des Triebes auf die eigene Person« werden von Freud (1915) als Triebschicksale bezeichnet.

Triebes in sein Gegenteil oder seine Verschiebung auf ein anderes Ziel (Adler 1908a, 1973). Mit der Annahme, dass aufgrund äußerer Hemmungen unbefriedigte Primärtriebe in den Aggressionstrieb »einströmen«, konzeptualisiert Adler die ersten Grundzüge der sog. Frustrations-Aggressions-Hypothese. Sie fand in späteren Jahren in der Sozialpsychologie durch ihre experimentelle Fundierung große Beachtung (vgl. Dollard und Miller 1939, Barker et al. 1941, Aronson et al. 2008). In Adlers Annahme findet eine Verschiebung des unbefriedigten Triebausdrucks auf den Aggressionstrieb statt, der durch seine Erregung und Entladung die gewünschte Befriedigung verschafft.

In der Weiterentwicklung seiner Theorie wendet sich Adler zunehmend von den Vorannahmen über das Triebgeschehen als einem rein physiologischen Vorgang ab. Er versucht, es in seine finale, subjektivistische und holistische Betrachtung des menschlichen Seelenlebens einzuordnen. Triebe bekommen die Bedeutung von lediglich amorphen Kräften, die erst im Rahmen des individuellen Lebensstils ihre finale Ausrichtung und damit Ausgestaltung erhalten. »Der Trieb... ist... ein Teil der einheitlichen Persönlichkeit und vom Bewegungsgesetz des Individuums abhängig. Der Trieb bekommt seine Richtung von der Totalität und kann zugleich mit der einheitlichen Persönlichkeit geändert werden« (Adler 1933c, 1975, S. 94).

In diesem Verständnis stellt der Trieb die unterste Stufe in einer »Hierarchie der dynamischen Kräfte« dar, die bis zum Streben nach Selbsterhöhung und Vollendung aufsteigt (Wexberg 1926). Er wird auf diese Weise Teil des Kompensationsgeschehens auf dem Weg von »unten« nach »oben«. Titze und Kausen (1985) verweisen in diesem Zusammenhang auf die enge Affinität zu den Konzepten der »Bedürfnishierarchie«, wie sie von Goldstein (1934) oder von Maslow (1973, 1981) formuliert wurden. Sie umfassen Stufen von Elementarbedürfnissen, die in ihrer Reihenfolge von unten nach oben befriedigt werden wollen:

- die physiologischen Bedürfnisse,
- die Sicherheitsbedürfnisse,
- die Sehnsuchts- und Liebesbedürfnisse,

- die Wertbedürfnisse,
- das Bedürfnis nach Selbstverwirklichung, Vervollständigung und Vollendung.

Ist eine dieser Stufen erfüllt, wird der Wunsch nach Befriedigung der nächst höheren aktualisiert. Und umgekehrt gilt, dass bei unbefriedigten niederen Bedürfnissen die höheren Bedürfnisse verloren gehen. »Schließlich sind die niederen Bedürfnisse auch die selbstsüchtigeren« (Ansbacher und Ansbacher 1982, S. 132).

Die Kritik Adlers an der Auffassung des Aggressions- und Triebbegriffs als biologische Entität führt in der individualpsychologischen Theoriebildung schließlich dazu, dieses Konzept durch Konstrukte wie »männlicher Protest« (▶ Kap. 3.1), Macht-, Geltungs- und Überlegenheitsstreben abzulösen. Aggressive Verhaltensweisen wie Entwertung, Anklage, Schuld, Hass sind somit nur sekundäre Phänomene zur Erreichung eines übergeordneten Ziels. Sie bekommen die Funktion von Sicherungstendenzen bzw. von Mitteln zur Machtgewinnung. In ihrer positiven Ausprägung ist die Aggression eine Form aktiver Selbstbehauptung in der lebensstiltypischen Auseinandersetzung des Individuums mit seiner Umwelt. Sie ist somit erst aus ihrem psychologischen und kulturpsychologischen Kontext heraus verstehbar.

3.6 Die Bedeutung des Unbewussten

In den tiefenpsychologischen Schulen spielt das Unbewusste eine bedeutsame Rolle. Bei Freud speichert das Unbewusste Bewusstseinsinhalte sexueller und aggressiver Natur, deren Ausdruck aufgrund einer triebfeindlichen Kultur verpönt ist. Die unerwünschten Triebrepräsentanzen werden über den Weg der Verdrängung dorthin verlagert. Sie determinieren das Denken und Verhalten des Individuums, wofür Freud den berühmten Satz geprägt hat, »dass das Ich nicht Herr im eigenen Hause sei« (Freud 1917, 1991). Ein entscheidendes Ziel der Psychoanalyse ist die Aufdeckung der verdrängten Bewusstseinsinhalte und damit, die Herrschaft des Ichs herzustellen.

Das Unbewusste bei Jung umfasst ebenso wie bei Freud die im Laufe des individuellen Lebens entstandenen, verdrängten unbewussten Prozesse. Die Besonderheit in seiner Theorie ist jedoch die Annahme eines »kollektiven Unbewussten«, das dem Menschen in seinem Erbgut phylogenetisch mitgegeben worden ist. In ihm wirken die in der Entwicklungsgeschichte der Menschheit entstandenen Urbilder, die sog. Archetypen. Sie stellen eine über die gesamte Menschheit hinweg reichende Symbolsprache dar, die in den Mythen und Sagen der jeweiligen Kulturen ihren Ausdruck finden. Darunter ist nach Jung noch eine weitere Schicht anzunehmen, die im Unterschied zum persönlichen und kollektiven Unterbewusstsein niemals zu Bewusstsein gelangen kann (Jung 2015). Das Ziel der Jungianischen Therapie besteht darin, das Individuum in seinem Prozess der Individuation zu fördern. Dieser umfasst die Bewusstmachung von Inhalten aus dem (kollektiven) Unbewussten und deren Integration in die Ich-Persönlichkeit.

Bei beiden – Freud und Jung – ist der Traum eine wesentliche Brücke zum Unbewussten. Für Freud steht dabei das Aufdecken unbewusster Antriebe und Vorstellungen im Vordergrund, bei Jung die Herausbildung einer dialogischen Beziehung zum Unbewussten als schöpferischer Quelle neuer Möglichkeiten und Einsichten.

Das Unbewusste bei Adler hebt sich von diesen Konzeptionen ab. Der Hauptunterschied ist der, dass in seinem ganzheitlichen Konzept die Aufteilung der Persönlichkeit in verschiedene Instanzen von Es-Ich-Über-Ich nicht vorkommt. Insofern stellt sich auch nicht der Gegensatz von bewusst vs. unbewusst im Sinne von verschiedenen Schichtungen. Der Unterschied zwischen beiden Modalitäten ist »nur ein Gegensatz der Mittel für den Endzweck der Erhöhung der Persönlichkeit« (Adler 1920, 1974, S. 226).

Auch in Bezug auf die Inhalte des Unbewussten vertritt die Individualpsychologie eine eigene Position. Statt von verdrängten sexuellen oder aggressiven Triebansprüchen wird das Unbewusste geprägt von denjenigen Merkmalen, die das individuelle Bewegungsgesetz des Seelenlebens konstituieren. Minderwertigkeitsgefühle und Kompensationsstreben sind ebenso wenig bewusst wie der individuelle Lebensstil mit seinem fiktiven Endziel oder die private Logik des Individuums mit den daraus entstehenden (neurotischen) Arrangements. In ihrem Zusammenspiel bilden sie ein verborgenes (latentes) Motivationssystem zur Erreichung individueller Ziele.

Ein weiteres Bestimmungsmerkmal des Unbewussten umfasst das Unverstandene aufgrund der Diskrepanz zwischen Wissen und Verstehen. Nach Adler weiß der Mensch mehr»... als er versteht; er versteht von seinem Ziel nichts und folgt ihm dennoch. Er versteht vom Lebensstil nichts und ist stets darin verhaftet« (Adler 1933a, 1973, S. 156f.). Zusammenhänge und ihre Bedeutungen befinden sich demnach – ebenso wie die Motivationen – in einem Latenzzustand (Pongratz 1985). Sie sind Teile des Bewusstseins, die im Dienste des Endziels ins Unbewusste verlagert und damit nicht ganz verstanden werden. Das Unbewusste wird auf diese Weise zu keiner mit einer Eigendynamik versehenen Entität, wie etwa von Freud und Jung vorgesehen. Stattdessen stellt es eine Modalität des psychischen Lebens dar, die von der zielstrebigen Einheit der Persönlichkeit organisiert wird (Pongratz 1985, S. 472).

3.7 Die Neurosentheorie der Individualpsychologie

Mit den dargestellten Theoriebausteinen verfügt die Individualpsychologie über Erklärungskonzepte zur Entstehung und Aufrechterhaltung von seelischen Erkrankungen. Sie können zueinander in Beziehung gesetzt werden, so dass eine eigene Neurosenlehre entsteht. Sie ist das Kernstück der Individualpsychologie als Psychotherapieform und liefert den Begründungszusammenhang für Behandlungsstrategien und für Konzepte zur Gestaltung der therapeutischen Beziehung und zur individuellen Behandlungsplanung.

Aus individualpsychologischer Betrachtungsweise ist die Neurose als Selbstwertproblem zu verstehen. Es resultiert aus einem früh erworbenen Minderwertigkeitsgefühl, das auf individuell sehr verschiedene und auf sehr facettenreiche Weise zum Ausgleich drängt, im Falle der Neurose durch das Erreichen persönlicher Überlegenheit. Je schwerwiegender und tiefgreifender das Insuffizienzgefühl ist, desto höher muss kompensiert, genauer: *über*kompensiert werden. In der Extremvariante kann das Überlegenheitsstreben, gepaart mit der ständigen Sorge um Verlust von Status, Anerkennung und Prestige, bis zu einem Verlangen nach Gottähnlichkeit gesteigert sein. Und natürlich richtet sich das Streben nach Macht und Überlegenheit auch gegen Mit- und Gegenmenschen. Da von ihnen die größte Bedrohung ausgeht, sich wieder unzulänglich zu fühlen, muss sich ihrer bemächtigt werden.

Der Versuch des Über-Sich-Hinauswachsens zur Sicherung des gefährdeten Persönlichkeitsgefühls läuft als ich-haftes Streben dem Gemeinschaftsgefühl zuwider: es trägt nicht zum Wohl der Gesellschaft bei, sondern dient dem Eigenzweck. Der neurotische Mensch befindet sich »auf der unnützen Seite des Lebens«. Sein Überlegenheitsstreben steht im Zeichen des »männlichen Protests« mit seinen Charakterzügen von Trotz, Überempfindlichkeit, Herrschsucht, Ehrgeiz (▶ Kap. 3.1.).

Von der Erfüllung der angestrebten Überlegenheit verspricht sich der neurotische Mensch immerwährende und größtmögliche Sicherheit vor Kränkung und Erniedrigung. Da dieses Ziel nur in seiner Phantasie realisiert wird, hat es rein fiktiven Charakter. Es entspringt der freien Schöpfung des erfinderischen Individuums und entstammt der Vorstellungswelt des »Als-Ob«. Mit der Ausrichtung auf dieses fiktive Endziel vermeintlicher Sicherheit und Überlegenheit erschafft sich der Neurotiker Konstruktionsregeln, nach denen er sämtliche seiner Verhaltensweisen organisiert. Einmal als Mittel zur Bewältigung der Lebensprobleme gewählt, müssen sie gesichert werden. Die Verselbstständigung des Mittels und seine Absicherung gegen mögliche Verstörungen stellen nach Adler die typische Reaktion des neurotischen Menschen auf Situationen verstärkter Unsicherheit dar. »Alles wird im Voraus bedacht, alle Folgen in Erwägung gezogen, immer ist der Neurotiker in gespannter Erwartung von Möglichkeiten und stets wird seine Ruhe von Vermutungen und Berechnungen des Kommenden gestört. Ein großartiges Sicherungssystem durchzieht sein Denken und Handeln«

(Adler 1910b, 1920, 1974, S. 99). Es verschafft sich »Unabänderlichkeit und Ewigkeitswert. Der neurotische Charakter ist unfähig, sich der Wirklichkeit anzupassen, denn er arbeitet auf ein unerfüllbares Ideal hin« (Adler 1912, 1972, S. 37).

Auf diese Weise entsteht ein neurotisches Arrangement als eine unbewusste bzw. unverstandene Inszenierung, die nach den Regeln des neurotischen Lebensstils (▶ Kap. 3.4) gestaltet wird. Das unbewusste Arrangement mit den dazugehörigen neurotischen Symptomen stellt eine Kompromissbildung dar zwischen gleichzeitig auftretenden, einander widerstreitenden Regungen vor dem Hintergrund einer unverstandenen Selbstwertproblematik. So kann z. B. die Depression mit ihren Gefühlen von Abhängigkeit, Hilf- und Sinnlosigkeit und Ohnmacht auf der einen Seite Ausdruck eines übersteigerten Wunsches nach Nähe und Versorgung sein, mit dem ein frühzeitiges Trennungs- und Verlusttrauma kompensiert wird. Auf der anderen Seite beinhaltet die Symptomatik eine selbst- und fremdquälerische Komponente, die andere Menschen kontrolliert und zur Fürsorge zwingt. Die Neurose ist demnach ein Weg zur Selbstrettung, aber auch »ein selbstquälerischer Kunstgriff, der bezweckt, das Persönlichkeitsgefühl zu heben und die nähere Umgebung zu drücken« (Adler 1912, 1972, S. 258).

Aus seiner »privaten Logik« (▶ Kap. 3.2, 3.6) agiert das Individuum folgerichtig. Wahrnehmung und Verhalten orientieren sich an dem fiktiven Ziel zur Sicherung der Persönlichkeit. Daraus ergibt sich als eingeschränkte Perspektive auf die Welt und die anderen die sog. tendenziöse Apperzeption als Gegenbegriff zur objektiven, realitätsnahen Wahrnehmung von Menschen und Ereignissen. Die ich-hafte Ausrichtung schafft Distanz zu den mitmenschlichen Forderungen resultierend aus den Lebensaufgaben (▶ Kap. 3.2). Im neurotischen Blick werden andere Menschen mehr oder weniger latent als »rücksichtslos«, »egoistisch«, »falsch« oder »böse« usw. entwertet und die Realität erscheint als bedrohlich. Die Meinung über die Welt ist dichotom aufgeteilt in Schwarz-Weiß-, in Oben-Unten- bzw. Entweder- Oder-Kategorien. Es gibt keine Toleranz für die Zwischentöne wie bei einem Sowohl-Als Auch bzw. Weder-Noch.

Es ist nur natürlich, dass die aus dieser Position »auf der unnützen Seite des Lebens« gemachten Erfahrungen die pessimistische Anschauung des neurotischen Individuums bestätigen. Die Folge ist ein weiterer Rückzug von der sozialen Lebenswirklichkeit auf einen »Nebenkriegsschauplatz« (Sperber 1970, S. 119),»wo der Sieg umso sicherer ist, als man da auf keinen Gegner stößt, also kampflos triumphieren kann« (Sperber 1970, S. 119). Die Leichtigkeit, seine Überlegenheit zu sichern, bestärkt die neurotische Lebensmethode:»Es ist, als ob ein Hexenkreis um den Kranken gezogen wäre, der ihn hindert, näher an die Tatsachen des Lebens heranzurücken, ... sich zu stellen, eine Prüfung oder Entscheidung über seinen Wert zuzulassen« (Adler 1920, 1974, S. 116).

Auch die Versuche, das Minderwertigkeitsgefühl zu kompensieren, führen in einen Teufelskreis hinein. Die fiktive Persönlichkeitserhöhung mindert nicht das Gefühl der Unzulänglichkeit, so dass die Kompensationsbemühungen immer wieder verstärkt werden müssen. Der neurotische Mensch ist somit verstrickt in den Teufelskreisen von Grandiosität und Depression, von Unterlegenheit und Überlegenheit, von Schwäche und Stärke, von Macht und Ohnmacht.

Das Verfangen-Sein in diese Abläufe äußert sich in der »zögernden Attitüde« des Neurotikers und der dafür typischen »Ja, aber«-Redeweise. Das »Ja« betont den Druck des im »Common Sense« verankerten Gemeinschaftsgefühls (Adler 1933a, 1973, S. 76), im »Aber« zeigt sich der Widerstand dagegen. Dieser setzt sich letztlich durch, wenn die Entscheidung für oder gegen eine (Lebens-)Aufgabe ansteht.

3.8 Die Ätiologie der Neurose

In Bezug auf die Entstehung der neurotischen Erkrankung unterscheidet die Individualpsychologie zwischen der Causa efficiens und der Causa finalis (▶ Kap. 3.2). Zu den Wirkgründen (Causa efficiens) zählen als erste Gruppe die *ererbten bzw. erworbenen Organminderwertigkeiten*. Als einen Ort des »geringeren Widerstandes« bieten sie sich für die Symptombildungen in Form von psychosomatischen Störungen oder Konversionsneurosen an.

Die psychischen Verursachungsfaktoren für eine pathogene Entwicklung sind *Überempfindlichkeit, Konflikt* und *Angst.*

Überempfindlichkeit führt dazu, dass der Kranke sich selbst bei geringen Anlässen verletzt oder zurückgesetzt fühlt. Aufgrund seiner selektiven Wahrnehmung (tendenziösen Apperzeption) erlebt er ständig negative Erfahrungen, die sein Sicherungssystem im Sinne einer sich selbst erfüllenden Prophezeiung bestätigen (Adler 1914, 1973, S. 70ff.).

Konflikte sind Ausdruck zweier gleichzeitig auftretender, einander widersprechender Strebungen. Sie gehören zum menschlichen Leben dazu. Sie ergeben sich einmal unmittelbar aus der Anlage des Menschen, in der die Ordnung von Handeln und Werten nicht vorgegeben ist. Die Person muss bei ständiger Gefahr des Scheiterns den Weg zwischen Wollen und Sollen für sich suchen. Das andere Mal werden Konflikte durch Lebenserfahrungen geprägt, wobei in der Kindheit entstandene Hemmungen, Empfindlichkeiten und Ängste die Konfliktbereitschaft einer Person besonders verstärken und ausformen. Konfliktkonstellationen bekommen dann Krankheitswert, wenn sie aus ich-hafter Orientierung allein unter Sicherungsaspekten und damit auf starre Weise gelöst werden. Der neurotisch Kranke nimmt sich die Möglichkeit der schöpferischen Überwindung von Gegensätzen und bleibt in den Konfliktstrukturen haften.

Auch die *Angst* ist eine Bedingung, die jeder Mensch kennt. Als *Urangst* spiegelt sie die prinzipielle Verletzlichkeit wieder, die wesenshaft zur menschlichen Natur gehört. Der Mensch ist das einzige Lebewesen, das fast aller natürlichen Hilfsmittel und Waffen ledig ist. Seine Situation in der Natur ist durch allgemeine Unzulänglichkeit, sprich Minderwertigkeit, gekennzeichnet. Auf diesem Hintergrund ist Angst um das Überleben real begründet. Sie stellt ein Alarmsystem zum rechtzeitigen Schutz vor Gefahren dar. In Verbindung mit dem Minderwertigkeitsgefühl ist Angst in ihrer konkretesten Ausformung vorhanden (Adler 1931b, 1982). Das mag daran liegen, dass der Mensch in seinem Urzustand sich einer lebensgefährlichen Bedrohung ausgesetzt sah, wenn er von den anderen nicht als »wertvolles« Mitglied der

Gemeinschaft oder Gruppe angesehen wurde. Die Ur-Angst, ausgeschlossen zu werden und dadurch in eine tödliche Mangellage zu geraten, kann als ein aus Vorzeiten stammendes Relikt und somit als biologisch fundierter Wesensbestandteil des Minderwertigkeitsgefühls verstanden werden.

Angst in seiner pathogenen Ausprägung ist nach individualpsychologischer Auffassung durch Vorwegnahme einer Niederlage und damit einer erwarteten Minderung des Selbstwertgefühls gekennzeichnet. Es besteht eine »Vorempfindlichkeit« gegenüber Leid, Unglück und Entwertung, aus der heraus das »Arrangement der sichernden Angst« (Adler, 1928d, 1972, S. 198) resultiert. Ein solches führt zu einer Vermeidung des Gefürchteten bzw. zwingt Personen zur Hilfeleistung oder Beachtung und dient letztlich der Machtausübung. Die ängstliche Erwartungshaltung wird auf diese Weise bestätigt und verstärkt, so dass bei nächster Gelegenheit das gleiche Sicherungsarrangement in Gang gesetzt wird.

Zu den ätiologischen Faktoren gehören weiter der verwöhnende bzw. vernachlässigende Erziehungsstil (▶ Kap. 3.4.1) als beide nicht auf dem Gemeinschaftsgefühl aufbauenden Umgang mit dem Kind. Häufig findet sich in der Familie auch eine Bezugsperson, die dem Kind als Modell für neurotisches Verhalten dient. Durch Nachahmung entwickelt es eine *neurotische Disposition* als erlernte Bereitschaft, auf Umweltgegebenheiten in der beobachteten Form, d. h. neurotisch, zu reagieren. Schließlich können exogene Faktoren wie Schockerfahrungen (bei traumatischen Erlebnissen) oder fehlgeschlagene zwischenmenschliche Beziehungen in Beruf, Freundschaft und Ehe das krankhafte Geschehen befördern.

Ausschlaggebend ist, dass die genannten Faktoren das Minderwertigkeitsgefühl begründen, als dessen Folge die neurotische Kompensation als Kettenreaktion ihren Ausgang nimmt. Adler (1913a, 1974, S. 56f.) hat die ätiologischen Bedingungen der Neurose in einer *Neuroseformel* zusammengefasst:

Neuroseformel für die Ätiologie neurotischer Störungen

Individuelles Schema der Einschätzung (I+E+M) + x = Persönlichkeitsideal der Überlegenheit

- I = individuelle Gegebenheiten (z. B. Organminderwertigkeit)
- E = Erfahrungen in der Beziehung zur Welt
- M = Milieu (Gesellschaft, Familie, Gruppe)
- X = »Arrangement und tendenziöse Konstruktion des Erlebnismaterials, der Charakterzüge, der Affekte und der Symptome«

Obwohl Neurosen sehr unterschiedlich in Erscheinung treten können, gilt diese Formel für alle ihre Formen. Sie verdeutlicht Adlers These von der Einheit der Neurosen (Ansbacher und Ansbacher, 1982).

In seinen Ausführungen zur Neurosentheorie Adlers verweist Pongratz (1985, S. 314) auf den dahinterstehenden sozialpsychologischen Krankheitsbegriff. Im Gegensatz zum medizinischen Erklärungsmodell, der die kausalgenetische Bedeutung körperlicher bzw. frühkindlicher Dispositionen betont, stellt der sozialpsychologische Begriff die soziale Bedingtheit und Bezogenheit des neurotischen Erlebens und Verhaltens heraus (»Der Neurotiker leidet an einer mangelhaften Sozialität«, Pongratz 1984, S. 314). Körperliche Konstitution und frühkindliche Beziehungserfahrungen werden in dem Maße berücksichtigt, wie sie unter der Führung des neurotischen Lebensstils pathogene Wirkung entfalten.

Mit der Annahme vom sozialen Wesen der Neurose zeigt sie sich demnach nicht als eine Krankheit im medizinischen Sinne. Verstanden als eine Notlösung von Problemen des Selbstwert- und Gemeinschaftsgefühls ist sie vielmehr Ausdruck einer missglückten *Lebensform*. Adlers therapeutischer Grundgedanke ist der, dass sie durch Hinwendung zur Gemeinschaft korrigiert werden kann und sie auf diese Weise ihre einengende und einschränkende (Sicherungs-)Funktion verliert. Damit ist nicht gemeint, Gesundheit mit Anpassung an die sozialen Gegebenheiten gleichzusetzen. Stattdessen besteht die Forderung, durch *aktive Anpassung*, d. h. durch kooperatives und sozialbezogenes Handeln an der Verwirklichung des Gemeinschaftsideals mitzuwirken. In den Ver-

3.8 Die Ätiologie der Neurose

suchen, dieser Ausrichtung Geltung zu verschaffen, kann der Sinn des Lebens und damit Gesundheit erfahren werden (Adler 1933a, 1973).

Der therapeutische Prozess bezieht sich in der Regel auf den Patienten als Einzelfall. Da dieser sich als solcher von allen anderen (Einzel-) Fällen unterscheidet, kann das therapeutische Vorgehen nicht in einem allgemeingültigen Ablaufschema dargestellt werden. Auch für die Individualpsychologie bleibt die kaum überwindbare Hürde bestehen, »das immer einmalige Gestalten, das jedem Einzelfall gerecht zu werden versucht, in Formeln und Regeln einzufangen« (Adler 1928a, 1974, S. 13).

Trotz dieser prinzipiellen Einschränkungen ist es möglich, bestimmte aus den theoretischen Prinzipien abgeleitete Methoden und Techniken aufzuzeigen. Sie dienen der strukturierten Bearbeitung von klinischem Material und können sowohl für die Diagnoseerstellung wie auch für den Therapieverlauf wichtige Hinweise liefern.

4 Kernelemente der Diagnostik

Im Rahmen des diagnostischen Geschehens beinhaltet das individualpsychologische Vorgehen folgende Schritte:

- Beziehungsherstellung und Klärung des Behandlungsvorgehens
- Anamneseerhebung mit biografischem Werdegang
- Lebensstilanalyse.

4.1 Die Beziehungsherstellung und Klärung des Behandlungsvorgehens

Wie bei jeder anderen Psychotherapieform ist der Grund für das Aufsuchen der individualpsychologischen Behandlung in der Regel der, dass der Patient unter einem Leidensdruck steht. Diesen kann er aus eigener bewusster Anstrengung oder mit Hilfe anderer nicht mehr allein bewältigen. Er fühlt sich auf professionelle Hilfe angewiesen, wobei er diese Abhängigkeit scham- oder schuldhaft bzw. als Scheitern erleben kann (Sasse 2011).

Gleichzeitig verbindet der Patient mit der Psychotherapie

- die Hoffnung auf Heilung, Besserung oder Milderung seines Leidens,
- die Erwartung eines plausiblen, wahrhaftigen Verständnisses für die Entstehung, Entwicklung und Veränderung der Symptomatik,

4.1 Die Beziehungsherstellung und Klärung des Behandlungsvorgehens

- die Sicherheit, dass der Behandler hilft, schützt, unterstützt und nicht schadet,
- die Sicherheit, dass der Therapeut im seinem Interesse tätig wird,
- die Hoffnung, nach der Genesung nicht wieder an der gleichen Symptomatik zu erkranken bzw. prophylaktisch selbst wirksam sein zu können,
- den Wunsch nach annehmender Unterstützung, nach einem freundlichen, zugewandten, taktvollen und nicht negativ bewertenden, tadelnden oder strafenden Therapeuten (Wampold 2001).

Ein solches Erwartungsprofil komprimiert sich in dem oftmals geäußerten schlichten Satz von Patienten auf die Frage nach ihren Wünschen an die Psychotherapie: »*Ich wünsche mir, dass Sie mich heilen und dass es mir wieder gut geht*«. Der Hilfesuchende setzt voraus, dass der Therapeut über das nötige Expertenwissen, die fachliche und menschliche Kompetenz sowie die Bereitschaft verfügt, seine Kenntnisse und Fertigkeiten zu seinem Wohle einzusetzen.

Für den Therapeuten ergibt sich daraus ein Vertrauensvorschuss, den der Hilfesuchende ihm zu geben bereit ist. Diesem muss er sich würdig erweisen, indem er dem Patienten von Beginn an mit einer Haltung von Akzeptanz, Verständnis und Respekt begegnet. Das partnerschaftliche Verhältnis verbietet ein schematisches Abfragen der Konsultationsgründe, eine barsche Unterbrechung des Redeflusses, aber auch ein endloses Immer-Weiter-Erzählen-lassen. Stattdessen kann der Therapeut durch das Eingehen auf Patientenäußerungen, Nachfragen und durch kommunikative Signale des Verstehens und des Nachvollziehen-Könnens sein einfühlendes Interesse an der Lebenswelt des Gegenübers bekunden.

In dieser Anfangsphase ist zu prüfen, wie sich die Therapiemotivation des Patienten gestaltet. Es stellt sich nicht nur die Frage nach der Aktivierungs- und Änderungsbereitschaft des Hilfesuchenden, sondern auch nach der Richtung der angestrebten Entwicklung. Es ist ein wesentlicher Unterschied, ob ein Patient einen Wunsch nach mehr Zugehörigkeit, Kontakt und Teilhabe an der Außenwelt äußert und dafür auch zu Änderungen an persönlichen Einstellungsmustern bereit ist oder ob er aufgrund seiner Hilfebedürftigkeit einen absoluten Versorgungsanspruch an den Therapeuten richtet. In einem solchen Falle sollte die notwendige aktive Mitarbeit an der Therapie sowie die Aufgabe des Therapeuten zum Thema gemacht werden.

Dieses Vorgehen schließt an ein Sprichwort an, mit dem Adler (1933a, 1973, S. 174) die Aufgabe des Therapeuten charakterisiert: »Du kannst ein Pferd zum Wasser führen, aber Du kannst es nicht trinken machen.« Das bedeutet, dass der Therapeut ohne das Mittun des Patienten nicht wirksam werden kann. In dem Maße, in dem der Patient bereit ist, sich seiner inneren Welt gegenüber zu öffnen, Fragen an sich selbst zuzulassen und zu reflektieren sowie Entscheidungen zu treffen, schreitet seine Selbstheilung voran. Der Therapeut hat die Aufgabe, den Patienten auf dem Weg zu unterstützen und zu ermutigen, d. h. »ihn zu fördern, wo er sich erfolgreich mit sich selbst auseinandersetzt, ihn zu bremsen..., wenn er ausweicht, ihn zu ermuntern, wenn er müde wird, ihm Achtung zu zollen, ...wenn seine Selbstachtung gering ist« (Antoch 1981, S. 82).

Mit der grundsätzlichen Verteilung der Aktivitätsschwerpunkte wird der Patient in der individualpsychologischen Therapie bereits zu Beginn vertraut gemacht. Auch werden keine Garantien für den Heilungserfolg ausgestellt. Da der Therapieausgang in der Verantwortung beider Partner – von Patient und Therapeuten – liegt, kann er demnach nicht von einem allein – dem Therapeuten – festgelegt werden. Adler spricht davon, dass »man auch in den sichersten Fällen nie die Heilung, sondern immer nur die Heilungsmöglichkeit« (Adler 1920, 1974, S. 59) anspricht. Zudem fordert er: »Man soll sich strikt daran halten, die Behandlung und Heilung nicht als Erfolg des Beraters, sondern als Erfolg des Beratenen zu sehen« (Adler 1933a, 1973, S. 174).

Die in der Psychoanalyse Freuds praktizierte Behandlungsregel des freien Assoziierens findet in der individualpsychologischen Therapie ihre analoge Entsprechung in der Vereinbarung zur Offenheit der Gesprächsführung auf beiden Seiten. Der Therapeut steht zu diesem Zwecke unter Schweigepflicht, so dass die Vertraulichkeit gewahrt bleibt.

Weiterhin werden organisatorische Modalitäten festgelegt wie die Häufigkeit und Dauer von Gesprächsterminen in der Woche (in der Regel zwei bis drei Stunden/Woche à 50 Min.), deren terminliche Planungen, die Höhe von Ausfallhonorar bei nicht stattgefundenen Sitzungen.

4.1 Die Beziehungsherstellung und Klärung des Behandlungsvorgehens

Weiter wird der Patient gebeten, eine medizinische Unbedenklichkeitsbescheinigung für die Durchführung einer Psychotherapie einzuholen. Auch wenn der Psychotherapeut selbst Arzt ist, sollte diese von einem anderen Arzt erstellt worden sein. Grund dafür ist, dass in der körperlichen Untersuchung das Beziehungsgefälle zwischen dem Arzt als medizinischem Experten und dem Patienten als Laien unausweichlich ist. Das vereinbarte partnerschaftlich-kooperative Verhältnis zwischen beiden kann auf diese Weise ungünstig beeinflusst werden. Der psychologische Psychotherapeut sollte zur Vermeidung fahrlässiger Risiken durch Nicht-Beachtung oder Fehleinschätzung körperlicher Symptome auf die ärztliche Expertise in Form einer Unbedenklichkeitsbescheinigung nicht verzichten. Nicht zuletzt wird darauf hingewiesen, dass die ersten fünf Behandlungssitzungen probatorischen Charakter haben. Sie dienen einmal der diagnostischen Einordnung des vom Patienten vorgetragenen Störungsbildes, das andere Mal als Entscheidungsfrist für beide Seiten, ob eine Arbeit miteinander möglich ist.[14]

Ein Charakteristikum des individualpsychologischen Vorgehens in der Frühphase der Behandlung ist die sog. »*Vermeidungsfrage*«. Nach Adler weist sie auf den Zusammenhang zwischen der Symptomatik und der privaten Logik (▶ Kap. 3.2, 3.6) hin, indem »...man frage: ›Was würden Sie beginnen, wenn ich Sie in kurzer Zeit heilen würde?‹ und dann hat man fast immer das Problem in der Hand, das den Patienten zwingt auszuweichen« (Adler 1920, 1974, S. 207). Aus der Antwort »Wenn ich nicht mehr unter X litte, täte ich A« lässt sich als erste Hypothese schließen, dass der Patient möglicherweise X arrangiert, um A zu vermeiden. Diese Vermeidungsfrage ist mit großer Behutsamkeit zu stellen. Sie soll den Patienten nicht bloßstellen oder herabsetzen, sondern erste Hinweise auf das Abgewehrte hinter dem Sicherungsverhalten liefern.

---

14 Die Absprachen zum organisatorischen Ablauf sind nicht für das individualpsychologische Vorgehen spezifisch. Da diese durch die Rahmenbedingungen zur psychotherapeutischen Heilbehandlung weitgehend vorgegeben sind, werden sie auch in anderen Therapieformen in ähnlicher Weise umgesetzt.

4 Kernelemente der Diagnostik

Zum Vorgehen während des Erstkontakts gehört das Festhalten des ersten Eindrucks vom Patienten noch während bzw. kurz nach Beendigung der Sitzung. Adler verweist in diesem Zusammenhang auf seinen »Kunstgriff, mich wie bei einer Pantomime zu verhalten, auf die Worte des Patienten eine Weile nicht zu achten und aus seiner Haltung und aus seinen Bewegungen innerhalb seiner Situation seine tiefere Absicht herauszulesen« (Adler 1920, 1974, S. 63).

Hierbei spielt auch die Bewusstmachung des Übertragung-Gegenübertragungsgeschehens im Rahmen der Patienten-Therapeuten-Interaktion eine große Rolle. Von der Art der Anmeldung über die Besprechung der Therapiemodalitäten bis zum ersten Ansprechen von Problemfeldern hat sich ein »psychisches Feld« um den Patienten aufgebaut, in dem gemäß der Annahme von der Einheit der Persönlichkeit (▶ Kap. 1.4) die zur Konsultation geführten Gründe bereits strukturell erkennbar werden. Auch manifestieren sich in ihm ebenso wie in dem Verhältnis, das der Patient zum Therapeuten aufbaut, die (unbewussten) Annahmen und Erwartungen gegenüber anderen Menschen. Der Behandler nutzt sein Gegenübertragungsempfinden, um die im Beziehungserleben mit dem Patienten entstandenen Gefühle und Assoziationen mit dem Beschwerdebild des Gegenübers zu verknüpfen. So gelingt es ihm, seine ersten Eindrücke zur Symptomatik und ihren Hintergründen weiter zu verdichten.

4.2 Die Anamneseerhebung

Der Anamneseteil in der individualpsychologischen Diagnosephase dient der Erfassung des Störungsbildes, seiner Symptome und Entstehungsbedingungen sowie der Beschreibung des Krankheitsverlaufs und bisheriger Behandlungsversuche und -erfolge.

Da den frühen sozialen Erfahrungen in der individualpsychologischen Theorie eine große Bedeutung für die lebensstiltypische Entwicklung zugesprochen wird, kommt den Fragen zur Familienkonstellation

4.2 Die Anamneseerhebung

besonderes Gewicht zu. Der Therapeut erkundet das Beziehungsgefüge zwischen dem Patienten, seinen Eltern und Geschwisterkindern und das die wechselseitigen Verhältnisse prägende Familienklima. Neben den subjektiven Einschätzungen des Patienten spielen auch objektiv erfassbare Daten wie Altersunterschied zwischen Vater und Mutter, der soziale Status der Eltern, die Stellung des Patienten in der Geschwisterreihe, die Alters- und Geschlechtsunterschiede der Geschwister eine wichtige Rolle. Auch andere Personen, die möglicherweise in der Biografie des Patienten bedeutsam gewesen sind (Onkel, Tanten, Großeltern usw.), werden bei der Erhebung der Familienkonstellation miteinbezogen.

Sowohl dem Therapeuten als auch dem Patienten soll sich auf diese Weise ein möglichst plastisches Bild von den Personen der frühen Kindheit, deren gegenseitigen Beziehungen und den darin angelegten Handlungstendenzen vermitteln. Aus ihm können bedeutsame Hinweise auf die Ätiologie der gegenwärtigen Problematik abgeleitet werden. Von dem Therapeuten wird dabei ein Vorgehen gefordert, in dem er den Patienten durch eine anteilnehmende Haltung und interessiertes Rückfragen zu einer Verdeutlichung seiner Erlebnisse auffordert und auch ggf. Verständnis- und Strukturierungshilfe leistet. Insofern ist die Bearbeitung der Familienkonstellation keine bloß reproduktive Leistung, sondern wird durch die gegenwärtige erlebnismäßige Situation des Patienten wie auch durch die reflektierende Anschauung des Therapeuten zu einer aktualisierten Version früheren Lebens.

Während die Klärung des Beziehungsgefüges innerhalb der Ursprungsfamilie weitgehend aus der subjektiven Sichtweise des Patienten heraus erfolgt, bezieht sich die Erfassung des Werdegangs primär auf Informationen zu wichtigen Lebensereignissen und -stationen des Patienten. Von Interesse sind der Verlauf der ersten Lebensjahre bis zur Einschulung mit Informationen zur körperlichen Entwicklung einschließlich Häufigkeit und Art von (u. U. familiär bedingten) Vorerkrankungen, zu Trennungserfahrungen (durch Krankheit, Umzug, Scheidung der Eltern usw.), Kindergartenbesuch, zum Umgang mit der Einschulung als Schwellensituation für das Eintreten in einen erweiterten Lebenskreis. In Bezug auf den schulisch-beruflichen Werdegang sind Schul-/Studienleistungen und -abschlüsse, der Berufswunsch und die derzeitige berufliche Situation zu erfragen. Auch werden Informationen zur psychosexuellen Entwicklung (der Verlauf der Pubertät, die Beziehung zum anderen Geschlecht, Sexualität, Partnerwahl und Ehe) sowie zum Ausmaß des Gemeinschaftsbezugs in Form sozialer Aktivitäten/Interessen und von Freundschaften erhoben. Die in der Anamnese geklärten Themenbereiche reflektieren die Antworten des Patienten auf die Lebensaufgaben von Liebe, Beruf und Gemeinschaft. Unter der Prämisse, »dass alle Hauptprobleme im Leben Probleme der menschlichen Kooperation sind« (Ansbacher und Ansbacher 1972, zit. nach Antoch 1981, S. 88), geben sie Auskunft über die Fähigkeit des Einzelnen zu einem kooperativen Miteinander und damit zur Ausprägung seines Gemeinschaftsgefühls als Zeichen seelischer Gesundheit. Gemäß der Theorie von der Einheit der Persönlichkeit wird davon ausgegangen, dass sich bei der Auseinandersetzung mit den Lebensaufgaben immer wieder ähnliche Erlebens- und Handlungsmuster wiederfinden, mit denen der Patient auf die verschiedenartigen Herausforderungen antwortet.

Ein zentrales Moment in der individualpsychologischen Diagnostik stellen die Kindheitserinnerungen dar. Dabei handelt es sich um Ereignisfolgen, die als einmaliges Geschehen erinnert werden und gefühlsmäßig nacherlebbar sind. Sie geben Hinweise auf früheste Schädigungen des Selbstwertgefühls und auf die Art der daraus resultierenden lebensstiltypischen Selbstwertsicherung.

Auswahl und Zusammenstellung der Kindheitserinnerungen zum Zeitpunkt der Behandlung werden keinesfalls als zufällig angesehen. Begründet wird diese Annahme damit, dass aus der großen Breite möglicher Kindheitserinnerungen gerade diese und keine anderen ausgewählt worden sind. Sie sind als Widerspiegelung gegenwärtiger Überzeugungen, Bewertungen, Standpunkte und Neigungen Ausdruck des individuellen Lebensstils in seiner aktuellen Ausprägung.

Dieses Verständnis von der Bedeutung von Kindheitserinnerungen steht im Gegensatz zu Freuds Konzept der Deckerinnerungen. Aus seiner Sicht verdrängt das Gedächtnis die belastenden Erfahrungen und »verdeckt« somit die Wurzeln einer seelischen Fehlentwicklung. Adlers Annahme hingegen geht davon aus, dass jede Erinnerung bis hin zur Wortwahl zum Ausdruck des jetzigen Sicherungsstrebens beim Patienten passt. »Keines dieser Erinnerungsbilder, Kinderphantasien, hat je pathogen gewirkt, als psychisches Trauma etwa, sondern erst, wenn die Neurose entsteht..., werden die geeigneten Erinnerungsbilder aus längst vergangenem Material hervorgeholt und kommen wegen ihrer Verwendbarkeit, das neurotische Verhalten teils zu ermöglichen, teils zu interpretieren... zur Geltung.« (Adler 1912, 1972, S. 79). Mit dieser Hypothese, dass der Mensch nur wahrnimmt und erinnert, was einen persönlichen Bezug zu ihm hat, hat Adler Ergebnisse der modernen Wahrnehmungspsychologie zur selektiven Wahrnehmung bedeutsamer und zur Ausblendung von für die Person irrelevanten Informationen vorweggenommen.

Die Filterung der Kindheitserinnerungen nach ihrer Besonderheit schließt nicht aus, dass Ereignisse geschildert werden, die so nicht stattgefunden haben. Als Schöpfungen des Patienten behalten diese erfundenen Erinnerungen aber ihren Hinweiswert auf die Besonderheiten des Lebensstils, da »die Einbildungskraft des Menschen nur das hervorbringen kann, was ihr der Lebensstil befiehlt« (Adler 1931a, zit. nach Antoch 1981, S. 86f.).

Für das praktische Vorgehen genügt es nicht, sich auf die Wiedergabe einer Kindheitserinnerung zu beschränken. Eine Serie von fünf bis sieben Erinnerungen hat sich als praktikabel erwiesen, um die Dynamik der sich darin widerspiegelnden Lebensbewegungen abzubilden. Bei der Analyse soll darauf geachtet werden, dass es sich bei der Erinnerung um ein einmaliges herausgehobenes Ereignis (»Einmal geschah es, dass...«) und nicht um eine Schilderung von Gewohnheiten und Gepflogenheiten der Familie (»Wir haben immer...«) handelt. Solche Berichte können jedoch auch helfen, die ursprüngliche Familienatmosphäre des Betroffenen näher zu erfassen.

Da es sich bei dem Material aus der Kindheit um Narrative aus der Betroffenensicht handelt, ist ihre Bearbeitung nicht mit objektivierbaren Methoden zu gewährleisten. Die Individualpsychologie verfügt über Analysekriterien, die auf die Erfassung lebensstiltypischer Elemente ausgerichtet sind. Sie werden als Verständnis- und Interpretationshilfen eingesetzt. Ihre Ergebnisse können auf die Übereinstimmung zwischen der subjektiven Darstellung des Patienten und seiner Gefühlslage überprüft werden. Das Vorgehen in dieser Hinsicht wird an einem klinischen Beispiel verdeutlicht (▶ Kap. 6).

4.3 Die Lebensstilanalyse

Die Ausführungen des Patienten zu seiner Symptomatik, seinen Beziehungen zu Eltern und Geschwistern, seinem Werdegang und seinen Kindheitserinnerungen gehen weit über den Prozess der Informationserhebung hinaus. Sie fügen sich zu einem Bild zusammen, in dem immer wiederkehrende Strukturen ohne das Zutun des Therapeuten zutage treten. Als »Abkömmlinge« früherer Beziehungserfahrungen weisen sie auf die »Not«-Situationen der Vergangenheit sowie auf die Versuche zu deren Überwindung hin. Insofern ist das Gesamt der Patienten-Schilderungen, -Erinnerungen und -Kommentare bereits in der Anfangsphase der Behandlung eine Mitteilung über seinen unbewussten Lebensstil. Diesen gilt es nun, in einer Betrachtung des Zusammenhangs mit dem Patienten gemeinsam zu erarbeiten. Hierbei sollen Hypothesen, die der Therapeut aus seiner teilnehmenden Beobachtung zur Dynamik des Geschehens für sich entwickelt hat, ebenso wie die Erkenntnisse, Gedanken und Assoziationen des Patienten zur Sprache kommen. Damit soll ein gemeinsames, auf der Gleichwertigkeit der Beziehungen beruhendes Grundverständnis für die zugrundeliegende Problematik und ihren Ausdrucksformen entstehen. Die Annahmen sind aus Sicht des Therapeuten ausdrücklich von vorläufigem Charakter und offen für Änderungen. Er betont damit die »Suchhaltung« auf dem beidseitigen Wege, von einem »größeren zu einem kleineren Irrtum« fortzuschreiten. Die Möglichkeit der Fehlinterpretation und somit Fehlerhaftigkeit ist immer mit eingeschlossen.

Der hohe Freiheitsgrad im diskursiven Vorgehen schließt eine Systematik bei der Lebensstilanalyse nicht aus. Ein gewisses Maß an Strukturiertheit sichert das übereinstimmende Verständnis zwischen den Akteuren, erleichtert den beidseitigen Austausch und orientiert über zentral wichtige Einstellungsmuster als Folge privatlogischer Verallgemeinerungen.

Zur Ordnung der Aussagen können folgende Fragestellungen herangezogen werden (Andriessens, o. J.):

4.3 Die Lebensstilanalyse

Welche Meinung habe ich

- zu mir selbst,
- zum Ablauf des Lebens,
- zur dinglichen Umwelt,
- zur mitmenschlichen Umwelt?

Weitere Fragen sind:

- Welches Fernziel hat sich als Sicherungstendenz aus dieser vermeintlichen Erfahrung aufgebaut?
- Welche vermeintlich sinnvollen Methoden haben sich zur Erreichung des Fernziels aufgebaut?
- Welche Auswirkungen zeigt der Lebensstil auf die Erfüllung der Lebensaufgaben?

Ein Beispiel für eine Lebensstilanalyse mithilfe dieser Fragen findet sich in der Falldarstellung in Kapitel 6.[15]

Die gemeinsame Erarbeitung des Lebensstils hat das Ziel, Einsicht zu gewinnen und damit der »Vernunft... die Kontrolle über unverstandene Zusammenhänge« zu verschaffen (Adler 1936, S. 137). Allein reicht ein solches einsichtsorientiertes Vorgehen nicht aus, um eine Erlebens- und Verhaltensänderung herbeizuführen. Es wird auf der zwischenmenschlichen Ebene durch das partnerschaftliche Beziehungsangebot des Therapeuten an den Patienten ergänzt. Über das dialogische Miteinander soll der Patient Partnerschaftlichkeit im Denken, Fühlen und Handeln und damit ein Mehr an Gemeinschaftsgefühl »am eigenen Leib« erfahren. In der Bearbeitung des Lebensstils findet somit schon der Übergang vom Diagnose- zum Therapiegeschehen statt.

---

15 Ein alternatives Ordnungssystem zur Lebensstilanalyse schlägt Antoch (1981) vor. Seine Fragen lauten:»Welche Einstellung habe ich zu »den anderen«, zu meinen ersten Bezugspersonen und zu Autoritäten, zu meinen Geschwistern und Gleichaltrigen, zum anderen Geschlecht? Welche Einstellung habe ich zu mir selbst und zu den Rollen, die ich spiele? Wie bewerte ich meinen bisherigen Lebensweg und welchen Eindruck habe ich vor den Aufgaben, vor die ich mich gestellt sehe? Welche Mittel setze ich zur Zielerreichung ein? Welche Ziele verfolge ich und welche habe ich erreicht?« (Antoch 1981, S. 92f.)

5 Kernelemente der Therapie

5.1 Die Beziehungsgestaltung und ihre Auswirkungen auf den therapeutischen Prozess

Die individualpsychologische Behandlungspraxis sieht das Verhaftet-Sein in ich-haften Kompensationsbemühungen und den einhergehenden Mangel an Gemeinschaftsgefühl für das neurotische Leiden als verantwortlich an. Die Loslösung aus diesen starren Mustern kann nur durch eine Weiterentwicklung und Vertiefung der Gemeinschaftserfahrung zustande kommen (Therapie als »Übung in Kooperation«, Ansbacher und Ansbacher 1982, S. 138).

Die Erfahrung von Vertrauen und Partnerschaft in der therapeutischen Beziehung schafft die Voraussetzung zur Entfaltung des Gemeinschaftsgefühls. Damit es dem Therapeuten gelingt, »erstens das Vertrauen des Patienten als eines Mitmenschen zu gewinnen, und zweitens, dieses neue Vertrauen auf andere Menschen und auf die Vor- und Nachteile des Lebens zu lenken«, muss er fähig sein, »mit den Augen des Patienten zu sehen und mit seinen Ohren zu hören« (Adler 1929b, 1981, S. 93).

Dieses Beziehungsangebot steht in Kontrast zu den kränkenden Erfahrungen aus früherer Zeit und stellt die unbewussten Vorannahmen des Patienten von sich selbst als liebesunwert in Frage. Damit gerät er in Kontakt mit seiner frühkindlichen Notsituation und dem darin eingeschlossenen Insuffizienzgefühl. Sie können als Ursache von Sicherungs- und Kompensationsbemühungen identifiziert werden. In der Bearbeitung dieser lebensstiltypischen Problemlösestrategien wird der

Patient ermutigt, sein Handeln unter neuen Gesichtspunkten zu betrachten. Selbstverständliche und bislang unhinterfragte Wahrnehmungsmuster werden in Bezug auf das dahinterstehende Ziel (z. B. nach Perfektion oder Überlegenheit) thematisiert. Die Annahme des Patienten, dass sie scheinbar unverrückbar seien, wird einer Prüfung unterzogen. Das verpflichtende Muss, das man sich in einer gegebenen Situation so und nicht anders zu verhalten hat, soll der Erkenntnis weichen, dass die Verfolgung der eigenen unbewussten Ziele die Wahrnehmung von Situationen und die daraus folgenden Entscheidungen prägt. Bei dieser Klärung können die Erkenntnisse aus der Lebensstilanalyse sowie aus den Erhebungen zur Familienkonstellation und zu den Kindheitserinnerungen zur Hintergrunderhellung herangezogen werden. Es können Ähnlichkeiten zwischen aktuellen Erlebens- und Handlungsmustern und solchen aus der Vergangenheit festgestellt werden, so dass der Patient ein Bewusstsein für seine problematischen lebensstiltypischen Lösungsversuche entwickelt. In den lebensgeschichtlichen Kontext eingeordnet wird scheinbar Selbstverständliches mit dem Geworden-Sein der Person verknüpft und verliert seinen Charakter der Unangreifbarkeit. Dabei werden die Bedeutung und der Einfluss objektiver Umstände keinesfalls in Abrede gestellt. Sie werden unter dem Aspekt betrachtet, inwieweit der Umgang mit ihnen den sachlichen Erfordernissen entspricht bzw. in welchem Maße neurotische Einstellungs- und Handlungsmuster die Auseinandersetzung erschweren.

Dieser Klärungsprozess wird bei der Bearbeitung problematischer Situationen immer wieder neu durchlaufen. Die Ablösung der verabsolutierenden Haltung eines »So und nicht anders« durch eine flexiblere Einstellung mit größerem Gemeinschaftsbezug im Sinne eines »Sowohl-Als Auch« spiegelt den inneren Umstrukturierungsprozess wieder.

5.2 Der Umgang mit Übertragung-Gegenübertragung und der Modus des »In-der-Schwebe-Haltens«

Parallel zum einsichtsorientierten Vorgehen wird dem Übertragungs-Gegenübertragungsgeschehen zwischen Patient und Therapeut aufmerksame Beachtung geschenkt. Die Hier-und Jetzt-Situation des therapeutischen Miteinanders wird nicht nur durch reale Aspekte geprägt aufgefasst, sondern auch als Ort der Re-Inszenierung früherer Kindheitsmodelle verstanden. Zu deren Klärung bindet sich der Therapeut in die Inszenierung empathisch ein. Über das »szenische Verstehen« (Lorenzer 1974)[16] versucht er die darin enthaltenen lebensstiltypischen Besonderheiten zu erkennen und bewusst zu machen. Er ist damit Teilhaber an der Wirklichkeit des anderen und zur selben Zeit deren deutender Rekonstrukteur. Das Vorgehen dient dem beidseitigen Verstehen der Lebensäußerungen, die im Übertragungs-Gegenübertragungsgeschehen zwischen den Akteuren sowohl »verborgen und verschleiert« als auch »offenbar und einsichtig« zutage treten.[17]

Gleichwohl ist der Therapeut auch als real am Interaktionsprozess beteiligte Person für sein Gegenüber greifbar. Er befindet sich nicht auf einem »Rückzug hinter die Couch« (Lohmann 1984, S. 7), wo er im Hintergrund als schemenhaftes Wesen agiert. Er bleibt vielmehr im Hier-und-Jetzt-Geschehen der Behandlung emotional präsent. Dabei

---

16 Unter dem Begriff der »Szene« versteht Lorenzer (1974) »die Gesamtheit der Aspekte der spezifischen Gestaltung der psychoanalytischen Situation durch den Analysanden nach dem Muster und als Reproduktion einer früheren, infantil und/oder traumatisch bedingten Vorerfahrung. Die Szene besteht aus Übertragungsmustern bzw. Interaktionsformen, die situativ zur Bewältigung der neuen Situation vermittels der ›szenischen Funktion des Ichs‹ aktiviert werden.« (Lorenzer 1974, S. 138)

17 Wissenschaftstheoretisch lässt sich dieses Vorgehen dem hermeneutischen Erkenntnisstreben zuordnen. Sein Ziel ist es, über den Weg des Verstehens, der Auslegung und Erklärung möglichst adäquat und zutreffend Bedeutungs- und Sinnzusammenhänge aufzuklären und eine Verständigung darüber herbeizuführen (Hahn 2000).

5.2 Der Umgang mit Übertragung-Gegenübertragung

lässt der Therapeut den Patienten an seinen Wahrnehmungen und Empfindungen teilhaben, soweit sie ihm für den Veränderungsprozess förderlich erscheinen. Indem er sich aber im gegenteiligen Falle mit seinen Selbst-Aussagen zurückhält, bleibt er im Umgang mit dem Patienten auf selektive Weise authentisch. Sein inneres Erleben ist wohldosiert für den Patienten zugänglich, es kann als Anregung dienen, sich ebenfalls ohne Anspruch auf Perfektheit zu öffnen.

Die Anerkennung des therapeutischen Prozesses als eine Interaktion zweier Partner erlaubt es auch, deren wechselseitige affektive Beteiligung daran näher zu betrachten. Etwaige Störungen in der Kommunikation werden dann nicht in erster Linie den Widerständen oder dem Narzissmus des Patienten und damit seinen lebensstiltypischen Eigenarten zugeschrieben. Stattdessen können auch eigenes therapeutisches Ungeschick oder fehlende Flexibilität im Umgang mit dem anderen als Ursache dafür herangezogen und reflektiert werden. Insofern präsentiert sich der Therapeut dem Patienten gegenüber nicht als eine »besserwisserische« Autorität, sondern als ein Suchender und Lernender. Mit dieser Einstellung schafft er die Voraussetzung für den anderen, sich auch als solcher zu begreifen.

Aus beziehungstheoretischer Sicht bewegt sich der Therapeut in einem Spannungsfeld zwischen Verweigerung und Akzeptanz (Heisterkamp 1983, Titze 1989). Auf der einen Seite verweigert er sich durch sein Angebot unbedingter und unvoreingenommener Wertschätzung gegenüber dem lebenslang eingeübten Beziehungsmuster seines Gegenübers zur Selbstwertsicherung. Er liefert keinen Anlass dazu, diesen Widerstand zu aktivieren. Auf der anderen Seite vermittelt er durch sein akzeptierendes Vorgehen, dass er sich in die hinter der Kompensationsbemühung stehende originäre Notsituation der Benachteiligung und Zurücksetzung einzufühlen vermag. Mit diesem Angebot von korrigierenden Erfahrungen werden die hergebrachten Einstellungs- und Verhaltensmuster in ihrer Funktionalität und Selbstverständlichkeit in Frage gestellt und der Raum für die Entwicklung neuer Lösungsstrategien eröffnet. Der Patient wird ermutigt, anders als bisher zu handeln.

Mit der Gleichzeitigkeit von Akzeptanz und Verweigerung befindet sich der Analytiker in einer Sowohl-Als Auch-Paradoxie. Das Eine zu tun, ohne dass Andere zu lassen, erfordert einen Modus des *In-der-Schwebe-Haltens* zwischen dem einen und dem anderen Pol. Das Halten des Gleichgewichts verwirklicht sich in einem »partiellem Engagement« dem Patienten gegenüber. Ein Zuviel an therapeutischem Einsatz kann den Blick auf die Realität des anderen mit seinen Grenzen und Möglichkeiten verstellen. Seine Wirklichkeit ist nur erfahrbar, wenn man sie in Erscheinung treten lässt und nicht zwingen will. Ein Zuviel an therapeutischer Rück(sichts)nahme hingegen behindert den Aufbau innerer Ordnungen, die Orientierung über das »Wohin« der »therapeutischen Reise« geben.

Das »disziplinierte Verlangen von Gedächtnis, Begehren und Verstehen«, d. h. das Nicht-Erinnern im Erinnern, das Nicht-Begehren im Begehren, das Nicht-Verstehen im Verstehen (Bion 1967) verweist auf das innere Wechselspiel von voraussetzungslosem Auf- und Annehmen einerseits und dem Strukturieren eines Verstehens- und Entwicklungszusammenhangs andererseits. Es findet sich wieder in dem therapeutischen Oszillieren zwischen freischwebender Aufmerksamkeit und Modellbildung. Diese Positionierung »zwischen den Stühlen« stellt die »innere Arbeit« des Analytikers (Zwiebel 2007) bei der Befolgung der Abstinenzregel dar. Ihre Forderung zur Einhaltung wohlwollender Neutralität in der Beziehung zum Patienten (vgl. Datler und Reinelt 1989) schützt den Therapeuten vor voreiligen Festlegungen und erhält die Haltung des tastend-deutenden Suchens aufrecht. Die Abstinenzregel ermöglicht damit die »Übung in Kooperation« (Antoch 1981), die als wesentliches Merkmal individualpsychologischer Therapie zu gelten hat.

5.3 Die Bearbeitung von Träumen

Neben der einsichts- und beziehungsorientierten Arbeit anhand von aktuellem und biografischem Material bzw. von Übertragung/Gegenübertragung ist ein weiteres therapeutisches Agens individualpsychologischer Psychotherapie die Auseinandersetzung mit Träumen. Der Grundgedanke der Individualpsychologie in Bezug auf Träume ist die Einheit von Wach- und Traumbewusstsein. Menschen unterliegen im Wachen wie im Schlafen ein und derselben Strebung, das Selbstwertgefühl nicht sinken zu lassen. Ähnlich wie die Kindheitserinnerungen ist der Traum somit Ausdrucksphänomen des Lebensstils. Der Träumende lässt nur das zu, was für ihn von lebensstiltypischer Bedeutung ist. Was nicht dazu passt, gelangt nicht ins Bewusstsein.

Dabei unterscheidet Adler ähnlich wie Freud zwischen einem manifesten und einem latenten Trauminhalt. Der manifeste ist das für den Träumenden Sichtbare, der latente Inhalt besteht aus dem, was der Patient an Assoziationen, Gedanken, Erinnerungen und Gefühlen dazu entwickelt. Die Aufgabe der Traumdeutung ist es, von den manifesten zu den latenten Inhalten hin zu führen. Sie werden unter Bezugnahme auf den individuellen Lebensstil gedeutet.

Der Lebensstil tritt besonders hervor bei Wiederholungsträumen bzw. solchen, die lange erinnert werden. Kindheitsträume haben den gleichen Stellenwert wie Kindheitserinnerungen, der Initialtraum zu Beginn einer Therapie spiegelt die Erwartungen des Hilfesuchenden an den Therapeuten wieder. Therapiebegleitende Träume sind Ausdruck des inneren Umstellungsprozesses. Als unbewusste Erzeugnisse geht aus ihnen hervor, inwieweit der Patient eine innere Bewegung hin auf eine gemeinschaftsbezogene Lebenseinstellung vollzieht und hierfür durch die schöpferische Kraft des Traumes Ermutigung erfährt (Schmidt 1980). Ein Beispiel, wie veränderte Trauminhalte auf eine Flexibilisierung lebensstiltypischer Sicherungen hinweisen, findet sich unter der Darstellung eines Therapieverlaufs (▶ Kap. 6).

5.4 Der Umgang mit dem Veränderungswiderstand

In der klinischen Praxis geht der Zuwachs an Sozialität nicht ohne Widerstand gegen diese Entwicklung einher. Er manifestiert sich in der »Ja, aber«-Haltung der zögernden Attitüde (▶ Kap. 3.7). In ihr befürwortet der Patient auf der einen Seite die Veränderung, auf der anderen Seite bringt sie eine Reihe von scheinbar unverrückbaren Wahrheiten hervor, die das Bemühen um eine innere Umorientierung zum Scheitern verurteilen.

Dieser Veränderungswiderstand ist im Behandlungsprozess allgegenwärtig und tritt in vielgestaltiger Form auf. Der Schritt, sich von den Selbstwert stabilisierenden Grandiositätsphantasien zu verabschieden und seinen Gemeinschaftsbezug anzuerkennen, bedeutet, das Korsett der eingeübten Sicherungen durch Vollkommenheitsstreben abzustreifen. Es hat Halt und Orientierung gegeben, auch wenn der dafür zu zahlende Preis in Form von Einengung und Verlust an Gestaltungskraft hoch ist. Die Akzeptanz des eigenen Selbst in seinen Möglichkeiten und Grenzen beinhaltet die Versöhnung des Patienten mit seiner Vergangenheit und seiner Gegenwart. Die Anerkennung, dass man so und nicht anders ist, wird oftmals als das Schwierigste empfunden, steht doch diese Haltung in krassem Gegensatz zur prägenden Grunderfahrung des Selbst- und Liebesunwerts.

Die Aufarbeitung der auftretenden Ängste und die Ermutigung zur Selbstentdeckung des eigenen Potentials in Hinsicht auf eine sachgerechte Problembewältigung lässt auch Misserfolge in einem anderen Licht erscheinen. Sie sind nicht mehr ausschließlich Auslöser für massive Selbstzweifel, sondern lehren, sich anders als bisher auf die Sache einzustellen. Statt eines entmutigenden »Ich kann es nicht« schafft ein »Ich kann es *noch* nicht« die Bereitschaft, nach einer effektiveren Problemlösung zu suchen und auf diese Weise die eigene Realitätserfahrung zu erweitern.

Auf dem Weg zu einer solchen Einstellung ist eine zentrale Aufgabe des Therapeuten, den Patienten zu ermutigen. Der Glaube an sich selbst und das Vertrauen in sich und andere, Probleme auf gleichwertiger Basis lösen zu können, entsteht durch die unerschütterliche zugewandte Haltung des Therapeuten und dem dosierten Anbieten und Bearbeiten von Möglichkeiten, die Dinge anders als bisher zu sehen. Der Patient kann diese prüfen, annehmen oder auch ablehnen und so für sich Wege eröffnen, Einengungen und Erstarrungen zu lösen und bislang Ausgegrenztes ohne Gefährdung für den Selbstwert zu integrieren. Er kommt auf diesem Wege dem Ziel der Behandlung näher, sein Handeln ohne Leidensdruck selbst zu bestimmen, initiativ zu werden und aktiv zu kooperieren.

Die innere Veränderung ist feststellbar daran, dass an die Stelle von Rigidität und starrer Kontrolle ein Mehr an Flexibilität und Spontaneität getreten ist. Aus einer dichotomen »*Entweder-Oder*-Sicht« auf die Dinge hat sich ein Verständnis für deren Zusammengehörigkeit und Verbundenheit entwickelt. Statt Einengung und Einschränkung besteht nun das Bedürfnis nach Weitung und produktivem Austausch.

Der Zuwachs an Lebendigkeit ist auf allen Ebenen – in Mimik, Gestik und Verhalten wie auch in Phantasien, Gedanken und Vorstellungen – erkennbar. Der Therapeut hat aufmerksam auf diese Veränderungen, die sich im Verlauf der Behandlung zuerst zaghaft und in minimalen Vorzeichen ankündigen, zu achten. Über die sensible Wahrnehmung der äußeren Veränderungssignale sowie deren Widerhall in der eigenen Gegenübertragung kann der Therapeut erspüren, dass der Patient sich aus der einengenden Klammer der eigenen Sicherungsmuster zu lösen beginnt. Über das empathische Mitschwingen mit den in Gang kommenden Lebensbewegungen begleitet er den Prozess der Selbstentdeckung, mit der der Patient die reduzierten und sichernden Formen der Beziehungsaufnahme hinter sich lässt. Er vermittelt auf diese Weise die Erfahrung von gemeinschaftlichem Suchen und Finden und bekräftigt den Patienten in seinem Bestreben, anstatt alten fiktiven Zielen nachzufolgen, eine realitätsgerechtere Orientierung zu entwickeln. Auch verstärkt der Therapeut den Patienten in seinem Gefühl und Wunsch, nicht allein, sondern in Verbundenheit mit anderen in diese neue Richtung zu gehen.

5.5 Die Beendigung der Therapie

Am Ende einer Behandlung werden die in einzelnen Zwischenstadien erreichten Ziele reflektiert und in Bezug auf die Gesamtpersönlichkeit betrachtet. Hierbei kann auch eine Perspektive für die zukünftigen Aufgaben des Patienten erörtert werden. Dieser wird ermutigt, es mit seinen Schwierigkeiten alleine aufzunehmen, ohne dass die Gelegenheit, nochmals auf den Therapeuten zurückzukommen, versperrt wird. Hierzu ist es möglich, einen katamnestischen Termin bereits zu vereinbaren.

Nicht selten führt der Rückblick auf den gemeinsamen Weg zu einem grundsätzlichen und daher »nachtherapeutischen« Dialog über spirituelle oder philosophische Fragen zum Lebenssinn und zur Hingabe an einen Auftrag. Es geht in diesem Diskurs nicht um allerletzte Wahrheiten, sondern um die Vorläufigkeit von Erkanntem und von Bewiesenem. Der Therapeut entlässt den Patienten mit dem Wunsch, sich den Mut für Veränderung zu bewahren und sich mit dieser Haltung den immer wieder wandelnden Anforderungen des Lebens zu stellen.

5.6 Das Sechs-Punkte-Vorgehen der Individualpsychologie

Zusammenfassend ist nach Eife (2006) die individualpsychologische Behandlung durch folgende Merkmale gekennzeichnet:

1. Der individualpsychologische Therapeut betont die emotionale Einstimmung und das subjektive Eintauchen des Analytikers in das subjektive Erleben des Patienten.
2. Er vermeidet, als Autorität aufzutreten und es besser als der Patient zu wissen.

5.6 Das Sechs-Punkte-Vorgehen der Individualpsychologie

3. In der Analyse von Übertragung-Gegenübertragung werden reale Aspekte und Störungen der Therapeuten-Patienten-Beziehung berücksichtigt, bevor deutend auf frühe Kindheitsmodelle zurückgegriffen wird.
4. Der Therapeut schafft Bedingungen für neue korrigierende emotionale Erfahrungen, ohne dass er als »Erlöser« auftritt.
5. Der Analytiker ist gefordert, im Beziehungsverhältnis von Patienten und Therapeut neue affektive interpersonale Erfahrungen für den Hilfesuchenden bereitzustellen. Sie stehen im Dienste seines emotionalen Wachstums.
6. Der Behandlungsansatz beruht auf einem konstruktivistischen Modell der Realitätsgewinnung. Der Glaube an ein objektives Wissen über innere Zustände des anderen wird abgelehnt. Ebenso wenig werden Vorstellungen über angeblich normales oder gesundes Verhalten »verordnet«. Stattdessen werden die Erfahrungen der Patienten besprochen und gedeutet. Die Integration der neuen affektiven Beziehungserfahrungen wird gefördert.

Eife (2006) weist darauf hin, dass diese Punkte der Liste entsprechen, die der Neo-Psychoanalytiker Kernberg (1999, zit. nach Eife 2006) als Merkmale der neuen psychoanalytischen Richtungen in Abgrenzung zur klassischen Freudianischen Therapie anführt (▶ Kap. 2.2).

6 Klinisches Fallbeispiel

Im Folgenden wird das dargestellte diagnostische und therapeutische Vorgehen im Rahmen einer individualpsychologischen Behandlung am Beispiel eines konkreten Behandlungsfalls näher erläutert. Die Therapie erfolgt bei einer 36-jährigen Patienten, Frau K. Die Behandlung erstreckt sich über drei Jahre und umfasst 268 Therapiestunden. Die Darstellung ist verlaufsorientiert und gibt in komprimierter Form den Wandel im Lebensstil der Patientin über den Therapieprozess wieder.

Es wird grob zwischen verschiedenen Phasen der Behandlung unterschieden:

- Phase 1: Beziehungsherstellung und Lebensstildiagnostik
- Phase 2: Die aktuelle Problematik im Spiegel des Lebensstils
- Phase 3: Die Erfahrung von Gemeinschaft und die Errichtung neuer Ziele
- Phase 4: Unterstützung und Festigung der Horizonterweiterung/Katamnese

6.1 Beziehungsherstellung und Diagnostik

6.1.1 Konsultationsgrund

Die erste Kontaktaufnahme von Frau K. zur Therapieaufnahme findet telefonisch statt. Sie bittet um einen Termin, da sie den Tod ihres vor einem Monat an Herzschwäche verstorbenen 67-jährigen Vaters nicht verwinden könne. Sie klingt verzweifelt, so dass für die gleiche Woche ein erster Termin vereinbart wird.

6.1.2 Spontanangaben der Patientin

Im Erstgespräch treten bei Frau K. massive Schuldgefühle zutage. Unter heftigem Weinen berichtet sie von Selbstvorwürfen, ihrem kranken Vater nicht genug geholfen zu haben.
»Als Vater starb, bin ich fast verrückt geworden. Ich wollte, dass er noch an die Herz-Lungen-Maschine kommt, wenn auch nur für einen halben Tag. Er hat doch Probleme gehabt, mit denen er nicht fertig wurde. Und ich habe ihn nicht zum Reden gebracht. Ich habe ihm nicht geholfen. Ich werde nachts wach und dann kommen die Vorwürfe. Ich versuche, zu Vater eine Antenne zu bekommen und mit ihm zu sprechen. Ich hätte ihm helfen müssen und ich habe versagt.«
Durch den Tod des Vaters sei sie vollkommen aus der Bahn geworfen. Sie stellt ihren Selbstwert infrage und meint, in ihrem bisherigen Leben nur versagt zu haben. »Mein Leben ist nutzlos, weil ich meinen Sinn nicht erfülle, den anderen zu helfen.« Außerdem fürchtet sie, dass ihr aufgrund des Ereignisses das Leben »aus dem Griff entgleite«.
Neben der akuten Problematik bestehen psychosomatische Störungen in Form intermittierend auftretender krampfartiger Bauchschmerzen im Wechsel zwischen Durchfällen und Obstipation. Eine organische Ursache ist nicht feststellbar.

6.1.3 Erster Eindruck

Die Patientin erscheint als eine mittelgroße, schlanke und gepflegt wirkende Frau. Ihr markant geschnittenes Gesicht wird umrahmt von einer halblangen, wenig modisch wirkenden Frisur. Eine dunkle, konventionell-schlicht gehaltene Kleidung unterstreicht den Eindruck von Ernsthaftigkeit und Strenge.

Sie vermittelt das Bild einer Person ohne inneren Halt. Sie ist blass, wirkt angespannt, aufgewühlt und belastet. Ihre Bewegungen sind fahrig und nervös, ihr Redefluss wird durch häufiges Weinen und Schluchzen unterbrochen. Dabei ist weniger Trauer über den Verlust des Vaters spürbar als die peinigende Wirkung von Schuldgefühlen.

Trotz der seelischen Belastung vermittelt Frau K. nicht das Bedürfnis nach Nähe und Anlehnung. Von ihr geht eine gewisse Unnahbarkeit aus, die das empathische Mitschwingen mit ihren Gefühlsregungen erschwert. Möglicherweise braucht sie die Distanz aus der Befürchtung heraus, ansonsten zu hilfsbedürftig und zu schwach zu erscheinen.

Auffallend an ihrem Verhalten ist, dass die Patientin abrupt ihr Weinen »abstellen« kann. Sie hält darin inne, um »ganz Ohr« für die Fragen des Therapeuten zu sein. Sie vermittelt den Eindruck, dass sie den anderen als eine Autorität anerkennt, auf dessen Worte sie zu achten habe. Obgleich durch das akute Verlustereignis stark belastet, wirkt sie zur Anpassung und Unterordnung hin tendierend.

Insgesamt wirkt sie intelligent, angepasst und tüchtig. Aggressive Impulse scheinen gehemmt, das emotionale Erleben durch den Verstand beherrscht. Die sprachliche Ausdrucks- und Differenzierungsfähigkeit ist gut ausgeprägt.

6.1.4 Therapiemotivation

Die ersten Gespräche kreisen um die als brennend und unerträglich empfundenen Schuldgefühle, die sie ohne fremde Hilfe nicht zu bewältigen glaubt. Daneben äußert sie ansatzweise im Gespräch den tiefergehenden Wunsch, sich selbst mit ihren Schwierigkeiten der Daseinsbewältigung besser verstehen zu wollen. Das Bedürfnis, das Problem der Schuldgefühle auf dem lebensstiltypischen Hintergrund zu reflektieren, ist jedoch angesichts der aktuellen Belastung noch nicht näher ausdifferenziert. Die Therapiemotivation bezieht sich primär auf die Beseitigung der Schuldgefühle.

6.2 Anamnestische Daten

6.2.1 Werdegang

Frau K. wird als Zweitälteste und erste Tochter von insgesamt vier Geschwistern geboren. Sie verbringt ihre Kindheit auf einem Dorf, in dem der Vater als Kaufmann tätig ist. Er wird als das absolute Oberhaupt der Familie dargestellt, dessen Willen sich alle anderen unterzuordnen hatten. Die Mutter habe in seinem Schatten gestanden und versucht, seine Unnachgiebigkeit und Herrschsucht den Kindern gegenüber abzumildern.

Die Patientin hat nur wenig Kontakt zu Gleichaltrigen und ist vornehmlich im Familienkreis aufgewachsen. Dort hat sie schon frühzeitig Aufgaben im Haushalt oder bei der Betreuung jüngerer Geschwister übernehmen müssen.

Mit 6 Jahren erfolgt die Einschulung. Ihre Schulzeit charakterisiert die Patientin mit den Worten: »Ich bin gerne zur Schule gegangen. Ich war der Streber der Klasse und der Lieblingsschüler des Lehrers. Ich wollte im Leistungsbereich die Beste sein, und wenn das nicht gelang, hatte ich das Gefühl: Eigentlich bin ich dumm. Meine Klassenkameraden haben mich wegen meiner guten Leistungen nie besonders leiden mögen. Auch fühlten sich meine Geschwister durch meine guten Zensuren bevormundet.«

Der Vater verhindert den Wechsel der Patientin auf das Gymnasium. Gegen die Empfehlungen ihrer Lehrer besucht sie bis zur 9. Klasse die Grundschule, danach die Handelsschule. Auf Betreiben des Vaters nimmt sie eine Lehre als Großhandelskauffrau auf. Nach ihrem Abschluss ist sie als Büroangestellte in einer Firma für Medizintechnik tätig. In ihrer Arbeit ist sie bislang aufgegangen (»Die Firma ist mein Leben«). Ihr Chef ist dabei zu ihrem »zweiten Vater« geworden. Dennoch hat er sie enttäuscht, da er sie trotz ihres Einsatzes für die Firma nicht zur Büroleiterin bestellt hat. In ihrer Tätigkeit stellt Frau K. den Anspruch an sich, keine Fehler machen zu dürfen: »Ich muss in meinen Leistungen 1000-prozentig sein, 100 oder 500 Prozent reichen mir nicht«. Sie arbeitet in der Regel 15 Stunden pro Tag und hat außer ihren beruflichen Aufgaben keine weiteren Interessen.

In Bezug auf die psychosexuelle Entwicklung gibt Frau K. an, dass Sexualität zuhause tabuisiert wurde. In der Pubertät fühlt sie sich gleichaltrigen Mädchen gegenüber unterlegen. Im Vergleich zu diesen betont sie sich als besonders hässlich und nicht liebenswert (»Ich fand mich hässlich. Im Gegensatz zu den anderen Mädchen meiner Klasse musste ich lange Zöpfe tragen. Auch störten mich damals meine schwarzen vorstehenden Zähne. Ich war so hässlich, dass mich keiner mochte.«) Ohne nahe Freunde oder Vertrauenspersonen habe sie sich in dieser Zeit isoliert und alleingelassen gefühlt.

Mit 17 Jahren beginnt ihre erste Freundschaft zu einem wesentlich älteren Mann (+ 8 Jahre). Die Beziehung ist durch die strikten Regeln der Eltern mit Hausverbot für den Freund stark eingeschränkt. Die Beziehung verläuft nach einem Jahr »im Sande«, da sich der Freund nicht mehr meldet.

Eine weitere kurze Partnerschaft verläuft ebenfalls »im Sande«. Der neue Freund weigert sich aufgrund der abweisenden Haltung der Eltern, Kontakt zu diesen aufzunehmen. Frau K. blockt daraufhin eine tiefergehende Beziehung zu ihm ab.

Mit 20 Jahren lernt die Patientin im Urlaub »ihre große Liebe« kennen. Ihr Partner hat großes Verständnis für ihre Schwierigkeiten, Gefühle – auch im sexuellen Bereich – zuzulassen und auszudrücken. Nach vier Jahren trennt sich der Freund. Er habe sich von dem Druck der Patientin, vom evangelischen zum katholischen Glauben überzutreten sowie von dem Zwang zu gemeinsamen Messbesuchen befreien wollen. Seit der Trennung vor 12 Jahren lebt Frau K. allein und geht ganz in ihrem Beruf auf (»Ich habe praktisch kein Privatleben«).

Außer einem losen und unregelmäßigen Kontakt zu einem Ehepaar hat die Patientin keine weiteren Außenkontakte. Ihre Freizeit verbringt sie mit Ausschlafen und Entspannen von der Arbeit sowie mit Aufräumen und Haushalt. Auf eventuelle Wunschträume angesprochen nennt Frau M. den Berufswunsch, Richterin, Staatsanwältin oder Lehrerin zu sein.

6.2.2 Familienkonstellation und Beziehungen der Familienmitglieder

In Abbildung 6.1 werden die Familienkonstellation und die sich aus der Sicht der Patientin daraus ergebenen Beziehungen der Familienmitglieder untereinander dargestellt.

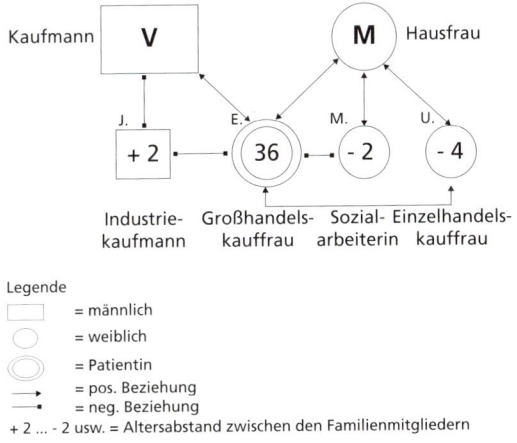

Abb. 6.1: Familienkonstellation und -beziehungen

Der Vater (V) wird als streng, überkorrekt, in sich verschlossen, aber auch als sehr sensibel geschildert. Seine Stellung in der Familie ist eher isoliert. Allein zum ältesten Kind sowie zu ihr selbst habe eine Beziehung bestanden. Während der Sohn aus ihrer Sicht vom Vater Ablehnung erfahren hat, sieht sie sich in der bevorzugten Position des väterlichen »Lieblingskinds«.

Die als ausgleichend und robust charakterisierte Mutter hat zu allen Kindern ein positives Verhältnis. Sie hat nach drei Prioritäten gelebt: »*1. Kinder, 2. Glaube, 3. Papa*«.

Der Erstgeborene und älteste Sohn J. wird als »Außenseiter« der Familie geschildert. Ähnlich wie der Vater sei er sehr verschlossen und einzelgängerisch. Als schlechter Schüler wird er vom Vater abgelehnt, was die Mutter auszugleichen versucht habe. Ihre Beziehung zu ihm beschreibt die Patient als spannungsreich und distanziert.

Sich selbst, E., kennzeichnet die Patientin als dem Vater sehr ähnlich. Sie sei sehr empfindsam, vor allem aber korrekt (»Was ich mache, mache ich 1000-prozentig«). Als Kind habe sie danach gestrebt, »leuchtendes Vorbild für die anderen Geschwister zu sein«.

Das drittgeborene Kind M. wird als die »Rebellische« beschrieben. Sie sei früh in offene Opposition zu den Eltern gegangen und die Einzige gewesen, die sich gegen den Vater gewehrt habe.

Die jüngste Schwester U. ist »die Gutmütige, Duldsame und Träge«, die nur mittelmäßige Leistungen in der Schule erbracht hat. Sie sei das Lieblingskind der Mutter gewesen. Der Vater habe sich nicht für sie interessiert. Allein zu ihr schildert die Patientin eine positive Beziehung, da sie sie »unter ihre Fittiche« habe nehmen wollen.

Insgesamt ist das Familienklima geprägt durch die autoritäre Strenge des Vaters, die die Mutter auszugleichen versucht. Es gilt das Familienmotto: »Man hat zu gehorchen. Man darf die Eltern nicht mit seinen Angelegenheiten belästigen. Man darf keine Probleme haben.« Die Patientin fällt durch Überanpassung an die repressiven Herrschaftsstrukturen auf, während im Vergleich ihre Geschwisterkinder mit mehr oder minder ausgeprägter Verweigerung (J., U.) bzw. mit offenem Protest (M.) darauf reagieren.

6.3 Analyse des Lebensstils anhand früher Kindheitserinnerungen

Nachfolgende frühe Kindheitserinnerungen verdeutlichen die häusliche Atmosphäre sowie den in den Vorinformationen angedeuteten lebensstiltypischen Weg, den das Kind zur Überwindung seiner Notlage eingeschlagen hat.

Kindheitserinnerungen

(im Alter von 5 J.): »Neben meinem Elternhaus wurde ein Haus gebaut. Als Richtfest gefeiert wurde, wurden meine Eltern auf eine Leiter gesetzt und um das Haus getragen. An jeder Ecke des Hauses wurde mit der Leiter kräftig angestoßen. Ich hatte fürchterliche Angst um meine Eltern und schrie.«

(im Alter von 9 J.): »Als Schulkind wollte ich immer die Beste sein. Mein Vater sagte einmal: Wer von den Kindern auf dem Zeugnis fünf »Einser« hat, bekommt ein Fahrrad. Ich erreichte dies und bekam das Rad, worüber ich mich unheimlich gefreut habe.«

(im Alter von 8 J.): »Zur Beerdigung meiner Großmutter bekam ich ein neues schwarz-weißes Kostüm. Ich fand es sehr schön und war stolz darauf. Als ich dieses einige Zeit danach anhatte, stolperte ich und fiel hin. Dabei riss ich mir ein »Dreieck« in den Rock. Von meiner Mutter bekam ich fürchterliche Schimpfe, weil ich, wie sie sagte, ständig fallen würde.«

(im Alter von 7 J.): »Als mein Großvater starb, sollten meine Schwester und ich mitgehen zur Beerdigung. Mein Opa lag in seinem Haus aufgebahrt. Meine Schwester und ich hatten Angst, wir wollten ihn nicht mehr sehen. Unser Vater zwang uns jedoch, dass wir noch einmal zum Opa gehen. Daraufhin sind wir zu ihm gegangen.«

(im Alter von 10 J.):»In der Schule schrieben wir eine Klassenarbeit. Da ich etwas nicht wusste, was mich sehr ärgerte, rutschte mir laut das Wort »Scheiße« aus dem Mund. Der Lehrer maßregelte mich vor der ganzen Klasse. Er hätte es nie von mir erwartet (ich war seine Lieblingsschülerin), dass ich dieses Wort in den Mund nehmen würde (was andere nicht mal auf die Schippe nehmen).«

Für die Lebensstilanalyse wird der Analysebogen von Andriessens (▶ Kap. 4.3) zur Auswertung der Kindheitserinnerungen herangezogen. Danach können folgende mögliche Schlussfolgerungen des Kindes zum Ablauf der Welt und zur eigenen Stellung darin formuliert werden:

Meinung des kleinen Kindes von sich selbst

Ich bin hilflos der Welt der Erwachsenen ausgeliefert. Mein Wille zählt nicht. Ich mache alles falsch und werde für Eigenregungen bestraft. Ich kann nur genügen, wenn ich mich in allem besonders anstrenge und kontrolliere. Um besser zu sein als andere, muss ich über mich hinauswachsen.

Meinung des kleinen Kindes vom Ablauf des Lebens

Das Leben läuft meist negativ ab, ohne dass ich es beeinflussen kann. Allein durch besondere Anstrengungen habe ich die Möglichkeit, Situationen zu beherrschen. Das gelingt mir aber nicht immer.

Meinung des kleinen Kindes von der...

a) **dinglichen Umwelt**
Die dingliche Umwelt ist im Vergleich zur menschlichen wenig wichtig. Sie kann aber sowohl für andere als auch für mich gefährlich sein. Sich frei in ihr zu bewegen, wird bestraft.

b) **menschlichen Umwelt:**
Die soziale Welt besteht aus Autoritäten. Gleichaltrige(-wertige) spielen keine Rolle für mich. Die Autoritäten bestimmen, wie ich

zu sein habe und sitzen über mich zu Gericht. Eigenständige Impulse/Aktivitäten sind für die anderen unerwünscht bzw. ich stehe mit ihnen alleine.

Aus dieser vermeintlichen Erfahrung hat sich als Sicherungstendenz folgendes Fernziel aufgebaut

Ich möchte für mich selbst alles bestimmen und mich nicht unterordnen. Ich möchte frei sein durch die Beurteilung anderer. Ich möchte alles richtig machen, so dass keine Beanstandungen an mich herangetragen werden können.

Vermeintlich sinnvolle Methoden zur Erreichung des Fernziels

Mit anderen setze ich mich nicht auseinander, sondern gehe in Distanz zu ihnen. Ich akzeptiere aber ihre Meinung, obgleich ich darunter leide. Überlegenheit bekomme ich, indem ich durch perfekte Leistung die Erwartung der Erwachsenen erfülle und damit auch andere übertrumpfe. Eigene Wünsche und Bedürfnisse muss ich dabei kontrollieren bzw. unterdrücken.

Das Streben nach Kontrolle sowie der Wunsch nach Anerkennung sind somit für den Lebensstil der Patientin prägend. Das dahinterstehende Ziel der Vermeidung von unerwarteter Erniedrigung, von Ausgeliefertsein und Beschämung ist nur erreichbar durch den dafür zu zahlenden Preis in Form von Distanz zu anderen, Einsamkeit, Verlust an Kreativität, fehlender Autonomie und Selbstaufgabe.

6.3.1 Der Lebensstil und seine Auswirkungen auf die Lebensaufgaben

Die Auswirkungen der lebensstiltypischen Orientierung sind vor allem bei der Lebensaufgabe »Tätigkeit im Beruf« festzustellen. Im Leistungsbereich bietet sich der Patientin die Gelegenheit, Kontrolle und Anerkennung durch Leistung zu erlangen und mögliche Mitkonkurrenten aus dem Wege zu schlagen. Das Gefühl, mehr gebraucht zu werden als andere, erfüllt sie mit Stolz, auch wenn sie dafür über ihre Grenzen hinausgeht.

Dagegen laufen die zwischenmenschlichen Beziehungen enttäuschend ab. Die Kooperation mit Kollegen wird als problematisch empfunden. Sie berichtet, von den Mitarbeitern als Streber abgelehnt zu werden. Auch erlebt sie sich vom Neid und von übler Nachrede durch ihre Kolleginnen verfolgt. Sie sieht sich in ihren Anstrengungen nicht bestätigt und gewürdigt, sucht aber die Kränkung darüber durch Selbstanklage (»Ich habe nicht genug getan«) und durch vermehrtes Streben nach Perfektion (»Ich muss mich noch mehr anstrengen«) zu überwinden.

Das Gefühl, ausgenutzt und »Opfer der Schlechtigkeit« der anderen zu sein, besteht auch hinsichtlich ihrer Freunde und Bekannten. Sie beklagt, dass sie immer und jeder Zeit für ihre Freunde bereitstünde, dass aber umgekehrt dieses nicht der Fall sei. (»Was ich in andere investiere, kommt nicht zurück. Ich bin diejenige, die immer draufzahlt«). Die gleiche Enttäuschung besteht auch in Hinsicht auf ihre Geschwister. (»Wenn ich zwei Wochen nicht dort angerufen habe, mache ich mir Vorwürfe. Es hätte ihnen ja in der Zwischenzeit etwas passieren können. Bei mir hat aber noch keiner von sich aus angerufen. Sie denken nur an sich, ich bin ihnen gleichgültig.«)

Bei der Lebensaufgabe Liebe und Partnerschaft zeigt sich eine ausgesprochene »Ja, aber«-Haltung, mit der sie sich letztlich vor notwendigen Aktivitäten in diesem Bereich schützt. Zwar äußert sie den Wunsch nach einer Partnerschaft, stellt aber den Anspruch: »Eine Partnerschaft muss perfekt sein. Sie muss dadurch gekennzeichnet sein, dass der eine für den anderen bedingungslos da ist. Ein Partner und ich müssten auf einer Wellenlänge liegen und immer Zeit füreinander haben.« Eine Erfüllung ihrer Wünsche kann sie sich nicht vorstellen, da sie nicht glaubt, dass ein Partner sie mögen könne: »Ich bin zu ernst, zu sensibel, als dass mich ein Mann lieben kann.«

Der Umgang mit den Lebensaufgaben verdeutlicht einen Mangel an dialogischem, auf Gleichwertigkeit beruhendem zwischenmenschlichem Austausch. Der Leistungsbereich eröffnet ihr den Rückzug von

6.3 Analyse des Lebensstils anhand früher Kindheitserinnerungen

solchen Beziehungen und ermöglicht gleichzeitig eine relativ sichere Wahrung von Anerkennung und Überlegenheit durch größtmögliche Kontrolle. Ihre Mitmenschen, die sich von ihr entwertet bzw. bevormundet fühlen, ziehen sich als Folge zurück bzw. setzen sich gegen ihre Bestrebungen zur Wehr. Diese Erfahrung nimmt die Patientin zum Anlass, ihre verzweifelten Kompensationsbemühungen zu verstärken. Verfestigt wird dieser Teufelskreis durch Rationalisierungs- und Ideologisierungstendenzen zur Sicherung des Selbstwertgefühls. So meint die Patientin, anderen als »leuchtendes Beispiel« dienen zu müssen, etwa vergleichbar der »Hl. Elisabeth von Thüringen«, deren Leben sie geprägt sieht von Güte und Hilfe für andere.

6.3.2 Der Initialtraum

Der Initialtraum der Patientin zu Beginn der Behandlung lautet folgendermaßen:
»Ich bin an dem Ort, an dem ich meine Lehre gemacht habe, in L. Den Platz, an dem ich bin, kenne ich überhaupt nicht. Vor mir befindet sich ein Hügel. Vor und unterhalb des Hügels ist eine Schar von Ratten. Das Komische ist, es sind Ratten, aber sie sehen aus wie Eidechsen. Ich habe Angst und Panik und will sie verscheuchen. Ich habe sie – weiß der Kuckuck wie – dazu gebracht, dass sie den Hügel hinaufrennen. Dann habe ich zu jemandem gesagt, es ist mein damaliger Chef, dass ich sie weggejagt habe. Meine Angst kommt aber wieder, weil ich sehe, dass sie vom Hügel wieder runter auf mich zukommen.«

Der Traum spiegelt in symbolisierter Form das lebensstiltypische Streben der Patientin nach Kontrolle einerseits und die letztendliche Vergeblichkeit ihrer Bemühung andererseits wieder. Im Traumgeschehen gelingt es ihr kurzfristig, aus eigener Kraft die als »aggressiv, ekelhaft, schmutzig« erlebten (Traum-)Ratten zu verjagen. Mit der Mitteilung über diesen Sieg richtet sie sich an ihren früheren Vorgesetzten, der von ihr als »hilfsbereit«, »gutmütig«, »verständnisvoll« und »vertrauenswürdig« und damit als ideale Vaterfigur beschrieben wird. Ihr Bemühen im Traum, sich der »Ratten« – wenn auch erfolglos – zu erwehren, entspricht ihrer Lebenswirklichkeit. Ihr gelingt es nicht, die »nagenden« Selbstvorwürfe und -zweifel, ausgelöst durch den Tod des Vaters, unter Kontrolle zu bringen. Zusätzlich dazu wird sie mit eigenen aggressiven und zerstörerischen Regungen konfrontiert, die sie trotz aller Versuche der Gegenwehr nicht »verscheuchen« kann. Aus ihrer Bedrängnis heraus sucht sie um Hilfe und Unterstützung nach.

Das Gesamt an diagnostischen Informationen und Schlussfolgerungen kann nun herangezogen werden, um ein umfassendes Verständnis für die dem Geschehen zugrundeliegende Psychodynamik zu entwickeln.

6.4 Überlegungen zur Psychodynamik

In der repressiven Atmosphäre des Elternhauses, die durch den harten und emotional versagenden Vater geprägt wird, macht das Kind die frühe Erfahrung fehlender Bestätigung und Bejahung des eigenen Liebeswerts. Aus der fehlenden Anerkennung lernt es, eigene Lebensregungen zu unterdrücken, sich an die harten Forderungen der Erwachsenenwelt anzupassen und sich mit ihnen zu identifizieren. Auf dem Weg, ihre selbst empfundene »Schlechtigkeit« durch anerkennungswürdige Taten zu kompensieren und sich damit, wenn nicht Liebenswertheit, so doch Geltung und Bewunderung zu sichern, gewinnt das Kind die Bestätigung der Eltern, besonders des idealisierten Vaters. Gleichzeitig erhält es Überlegenheit über die als Rivalen um die Gunst der Eltern angesehenen Geschwister. Weiter kann es auf diese Art aggressive Regungen durch Entwertung anderer ohne Gefahr für das eigene Selbstbild ausdrücken.

Im Leistungsbereich bietet sich der Patienten das Feld, durch größtmögliche Perfektion und (Selbst-)Kontrolle sich die für den eigenen Selbstwert unverzichtbare Anerkennung und Geltung zu verschaffen. Der Preis dafür besteht im Verzicht auf die Erfahrungen von Gemeinschaftsbezug in den Lebensaufgaben Liebe, Ehe und Freundschaft.

Durch den Verlust des Vaters erfährt sie in ihren Bemühungen nach Kontrolle und Anerkennung eine tiefe Kränkung. Diesem Ereignis steht sie ohnmächtig, hilflos und mit dem Eindruck des Versagens gegenüber. Auf diese Weise wird sie mit dem Gefühl der eigenen Nutz- und Wertlosigkeit konfrontiert, ohne dass die ihr zur Verfügung stehenden Kompensationsmöglichkeiten über Leistung und des Über-Sich-Selbst-Hinauswachsens ihr den notwendigen Schutz verschaffen können. Sie bleibt damit ihrem als liebesunwert vorverurteilten Selbst ausgesetzt. Die vergeblichen Versuche, über Schuldgefühle und Selbstanklagen doch noch eine Wiedergutmachung ihres »Versagens« zu erreichen, führen sie im Gegenteil immer tiefer in den Kreislauf von Selbstverurteilung und Wertlosigkeitserleben hinein. Als Ausweg sucht sie psychotherapeutische Hilfe auf.

6.5 Der Verlauf des therapeutischen Behandlungsprozesses

6.5.1 Die aktuelle Problematik im Spiegel des Lebensstils

Aus der Phase der Beziehungsherstellung und der Sammlung relevanter Informationen zum Problemgeschehen tritt der Behandlungsprozess in das Stadium der Umstellung ein. Indem sich die Facetten der Problematik zu entfalten beginnen, können sie in den lebensstiltypischen Zusammenhang eingeordnet werden. Dabei werden die Vorstellungen über das eigene Selbst und über die Anderen sichtbar. Die daraus folgenden Konsequenzen für Denken, Erleben und Handeln werden sowohl gefühlsmäßig als auch reflexiv bearbeitet.

Bei Frau K. steht in dieser Phase ihre hohe Empfindlichkeit und Kränkbarkeit aufgrund realer und vermeintlicher Zurücksetzungen im Vordergrund. Hinter den Selbstvorwürfen, gegenüber dem todkranken Vater versagt zu haben, tritt ihre Kränkung zutage, dass der Vater sie nicht um ihren Beistand gebeten habe. Stattdessen habe er eine der anderen Töchter an seiner Seite haben wollen. Sie fühlt sich dadurch vom Vater zurückgestoßen. Obwohl sie immer bestrebt war, »die Bravste, Beste und Strebsamste zu sein«, hat sich aus ihrer Sicht gezeigt, »...dass Papa andere mehr liebt als mich.« Sie stellt Parallelen zu ihrem Vorgesetzten her. Auch hier findet sie sich im Vergleich zu einer Kollegin in einer unterlegenen Position. Im Gegensatz zu ihr sei sie nicht »die Nummer eins«, sondern für »das Grobe« zuständig. Sie müsse »Klimmzüge« machen, um die Anerkennung des Vorgesetzten zu gewinnen.

Fast minutiös beschreibt sie das Verhalten ihres Chefs und die darin enthaltenen Zurückweisungen ihr gegenüber. Entsprechend reagiert sie auf der einen Seite mit Entwertungen seiner Person als »Luftikus« und »Sonnyboy«, auf der anderen Seite erlebt sie diese aggressiven Regungen als schuldhaft und als Beweis ihrer eigenen Schlechtigkeit. Zur Wiedergutmachung bemüht sie sich bei ihrem Vorgesetzten um besondere Freundlichkeit und Fürsorge.

Die tendenziöse Apperzeption (▶ Kap. 3.7), nach der sämtliche ihrer Beziehungserfahrungen im Lichte der frühkindlichen Erfahrung von Zurücksetzung und mangelnden Liebeswerts erscheinen, führt zu der Überempfindlichkeit der Patientin, sich selbst in jeder Hinsicht herabgesetzt und nicht anerkannt wahrzunehmen. Das Streben, die Nummer eins zu sein, stellt den kompensatorischen Gegenpol zu dieser Position dar. Beide Einstellungen prägen den antithetischen Charakter ihres Apperzeptionsschemas im Sinne einer »Entweder oder«-Haltung. Es lässt entweder nur das Eine – die Nr.1 zu sein – oder nur das Andere – das Letzte zu sein – zu. Die Zwischentöne im zwischenmenschlichen Miteinander im Sinne eines »Sowohl als Auch« finden darin keinen Raum.

Ausdruck der Überempfindlichkeit ist das Misstrauen der Patienten gegenüber wiederholten Versicherungen ihres Chefs, dass er ihre Person und ihre Leistungen wertschätze. Seine Bemühungen z. B. um eine Sonderprämie für ihre Leistungen werden im Sinne des Minderwertigkeitskomplexes tendenziös interpretiert und damit mit großer Skepsis behandelt.

Erst allmählich gelingt es Frau K. auf der Einsichtsebene, ihr Erleben von Ablehnung in Beziehung zur eigenen Geschichte zu setzen und ein besseres Verständnis für ihre Kompensationsstrebungen zu entwickeln. Der Leistungsbereich dient ihr dabei als der »Nebenkriegsschauplatz« der Selbstbestätigung und -verteidigung, indem er ihr einen weitgehenden Rückzug von gleichwertigen zwischenmenschlichen Beziehungen und eine relativ sichere Wahrung von Anerkennung und Überlegenheit durch größtmögliche Kontrolle ermöglicht. Anhand einer Reihe von Beispielen erkennt sie, dass die aggressive Entwertung der Arbeitskollegen als »hartherzig, egoistisch, gleichgültig, intrigant usw.« wie auch ihre übertriebene Fürsorge (»Ich helfe, wo ich kann«)[18] ein- und demselben Ziel dienen, nämlich der Überwindung ihres tiefen Minderwertigkeitsgefühls. Sie kann erkennen, dass das Überlegenheitsstreben der Logik des Zusammenlebens widerspricht. Da dadurch ein dialogischer, auf Gleichwertigkeit beruhender zwischenmenschlicher Austausch verhindert wird, wird eine glückhafte Beziehungsgestaltung zu anderen Menschen erschwert, wenn nicht gar unmöglich. Stattdessen entstehen die von der Patientin akzentuierten »Kriegskosten«: das von ihr entwertete bzw. bevormundete Gegenüber zieht sich zurück bzw. setzt sich gegen ihre Bestrebungen zur Wehr. Es liefert damit für die Patientin den Grund, ihre Kompensationsbemühungen zu verstärken.

Diese Gefühle setzen sich auch auf der Übertragung-Gegenübertragungs-Ebene zwischen Therapeut und Patientin zunehmend in Szene. Die Patientin verfällt während der Behandlungsstunden in einen Monolog, der dem Therapeuten die Rolle des Stichwortgebers zuweist. Ihm bietet sich kaum Gelegenheit, mit ins Gespräch zu kommen. Als Gegenübertragung entsteht bei ihm der Eindruck, in diesem Szenario des »Patient-Therapeuten-Gesprächs in einer Person« nur eine randständige Rolle einzunehmen. Diese Wahrnehmung wird verstärkt durch das Bild hoher Problemanalyse- und Lösungskompetenz, das die

---

18 Zur Fürsorge führt Adler R (1920, 1974) an, dass sie eine »weitere, interessante Art der Herabsetzung« sei. Der »Nervöse« benehme sich, als wären andere unfähig, ohne seine Hilfe für sich zu sorgen. »Sie geben immer Ratschläge, wollen alles selbst zu Ende bringen,... und ruhen nicht, bis der andere kopfscheu und entmutigt sich ihren Händen anvertraut... Was sie damit anstreben, ist die Gesetzgebung für den anderen« (Adler, 1920, 1974, S. 156).

Patientin vermittelt. Sie vermag ihre aktuelle Situation lebensstiltypisch einzuordnen und sucht mit hoher Eigenständigkeit nach realisierbaren Veränderungen für ihre Lebensgestaltung. In ihrem Bemühen um Kompetenz wirkt sie gleichbleibend freundlich und sachlich, erscheint aber als reale Person mit ihren Empfindungen und Regungen für den anderen weit entfernt und kaum erkennbar.

Das szenische Verstehen dieser Inszenierung lässt deutlich werden, dass sie auf ihre die Perfektion suchende Weise befürchteten Beanstandungen auch im Therapiegeschehen ausweichen will. Gleichzeitig bewahrt sie dadurch die Distanz zum Gegenüber und kontrolliert das Geschehen. Sie folgt somit ihrem unbewussten Lebensstilmuster, indem sie den Therapeuten in die »neurotische Wirkungseinheit« (Heisterkamp 1980) hineinzieht. Die Thematisierung und empathische Bearbeitung dieser im zwischenmenschlichen Miteinander zutage tretenden Dynamik öffnet den Raum für einen dialogischen Austausch über die dahinter verborgenen tiefgreifenden Ängste vor Ablehnung. So bestätigt Frau K., dass sie fürchte, den Therapeuten zu behelligen oder zu sehr in Anspruch zu nehmen, weil sie glaube, kein Recht darauf zu haben.

Diese Thematik wird auch greifbar in der regungslosen, fast statuenhaften Körperhaltung während der Therapiesitzungen: Frau M. gibt an, ihrem Körper fremd gegenüberzustehen. Er sei ein »Roboter«, der zu funktionieren und ansonsten kein Recht auf Eigenregungen habe. Hierzu berichtet sie eine Kindheitserinnerung aus dem 5. Lebensjahr:

»Es war ein großes Fest bei uns zuhause. Wir saßen alle an einem großen, weißgedeckten Tisch. Weil ich meine Arme auf den Tisch aufgestützt hatte, holte meine Großmutter zur Strafe ein großes Stück Torf und stellte es vor mich hin. Ich musste meinen Kopf darauflegen und die ganze Zeit, die wir am Tisch verblieben, unbeweglich sitzen bleiben.«

Aus ihr geht hervor, dass sich das Kind den elterlichen Erziehungsstil einverleibt hat. Als Schutz vor erwarteter Strafe lernt es, Lebensimpulse zu unterdrücken, so dass sich ein gesundes Körpergefühl nicht entwickeln kann. Es lernt nicht richtig mit seinem Körper umzugehen, fühlt sich in ihm »nicht zuhause«. »Denn um Freude an seinem Körper zu bekommen, muss man ihn frei betätigen dürfen, eine Bewegungsfreiheit, die man lustvoll erlebt.« (Riemann 1982, S. 126)

Mit der Wiederbelebung der Erinnerung begegnet die Patientin dem damaligen schmerzhaften Gefühl der Demütigung, Bloßstellung und Wertlosigkeit wieder. Sie kann sich ihrer aufwallenden Gefühle nicht erwehren und bricht nach einer langen Schweigepause, in der sie die schmerzhafte Wirklichkeit ihrer wiederbelebten Insuffizienzgefühle erfährt, über die »Brutalität« von Eltern und Großmutter in Tränen aus.

Das Weiterwirken der Erfahrung von Einengung des körperlichen Bewegungsdranges erkennt sie auch in ihrer äußeren Erscheinungsform wieder. So sollen ihre dunkle, unauffällig-konservative Kleidung sowie der »klassische« Haarschnitt allenfalls Neutralität und Effizienz vermitteln. Ihre Lebendigkeit bleibt dahinter verborgen.

Der tragische Irrtum hinter dieser Schutzhaltung ist der, dass ihre mitmenschliche Umwelt ihr Verhalten als mangelnde Anteilnahme am Leben anderer auslegt. Ihre früheren Partner hätten ihr Egoismus vorgeworfen und sie verlassen, ihre Arbeitskollegen sähen in ihr nur »den Roboter, der alles kann, alles managt und sonst kein Interesse an ihnen hat. Dabei sieht es in mir ganz anders aus. Ich bin ein Mensch und keine Maschine. Ich will auch als Mensch gesehen und geliebt werden. Ich bin nicht nur die K., sondern auch die Elisabeth.«

6.5.2 Die Erfahrung von Gemeinschaft und die Errichtung neuer Ziele

In dieser Aussage tritt die Patientin als Mit-Mensch in seiner sozialen Bezogenheit auf den anderen hervor. Sie beginnt, ihre Beziehungsmuster unter diesem Aspekt zu reflektieren und erkennt rational wie auch emotional die Notwendigkeit zu deren Veränderung.

Dieser innere Wandlungsprozess wird im therapeutischen Beziehungsgeschehen spürbar. Auf dem Erfahrungshorizont eines auf Gleichwertigkeit beruhenden Miteinanders wirkt die Patientin wie aus einer Selbstversenkung erwachend. An Stelle des Monologs entwickelt sich ein erlebbarer, zunehmend unverkrampfter Dialog zwischen ihr und dem Therapeuten. Wie es scheint, kann sie seine Person zulassen,

ohne sie als potentiell bedrohlich für das eigene Selbstwertgefühl zu betrachten.
Diese erweiterte Perspektive überträgt sie auch auf andere Mitmenschen. Ihr Zuwachs an Sozialität unter Zurücklassung starrer Sicherungsmuster findet sich wieder in den Worten: »Ich bin bald 40. Wenn ich auf mein Leben zurückblicke, ist da herzlich wenig. Ich will leben. Ich will mehr von meinen Freunden haben und meine Bedürfnisse nicht auf meinen Chef und die Firma projizieren.«

Sie kann anerkennen, dass ihr Chef nicht der ersehnte Ersatz-Vater ist, sondern ihr wie auch der Vorgesetzte der Kollegen ist. Die Anerkennung dieser Realität lässt sie unabhängiger werden von dem Grad seiner Zuwendung. In Bezug auf die Arbeitskollegen sieht sie sich nicht mehr in der Pflicht, ihnen die Arbeit abnehmen zu müssen und auf diese Weise um ihre Geltung und Anerkennung zu bitten (»Schließlich haben sie auch zwei Beine und einen Kopf zum Denken«).

Aufgrund dieser neuen Ausrichtung ist die Patientin über sich selbst erstaunt und befürchtet gelegentlich, über die Stränge zu schlagen (»Ich will den anderen nicht verletzten, möchte aber auch meine Bedürfnisse ausdrücken.«). Sie meint, das Gleichgewicht zwischen Einordnung und Selbstbestimmung noch lernen zu müssen, weiß aber, »dass ich nicht mehr zurück und auf Befehl springen kann«.

Das bessere Selbstgefühl der Patientin drückt sich auch in Veränderungen ihres äußeren Erscheinungsbildes aus. Sie probiert für sich einen neuen »locker-legeren« Kleidungsstil aus, verändert ihre Frisur und Haarfarbe und erntet dafür erfreut positive Rückmeldungen ihrer Umwelt.

Der Verlauf der Umstrukturierung entspricht weitgehend der Beschreibung von Heisterkamp (1980) zu diesem Prozess:

»In der Regel spüren die Bezugspersonen der Klienten diese Veränderungen noch eher als sie dem Klienten und nicht selten auch dem Therapeuten bewusst geworden sind.... Häufig sind die positiven Rückmeldungen, von denen der Patient am Anfang völlig überrascht ist. Ein Musterbeispiel liefert die Klientin, die eines Tages feststellt: »Was ist eigentlich los? In letzter Zeit sind meine Kollegen richtig nett zu mir!«... Im Dialog der Einwirkungen und Rückwirkungen ereignen sich die korrigierenden Selbst- und Fremderfahrungen, die die starre Form des bisherigen Lebensstils zugunsten beweglicher Formen auflösen« (Heisterkamp 1980, S. 77).

Für den privaten Bereich erschließen sich neue Gestaltungs- und Erlebensformen. Sie hat eine Freundin gewonnen, mit der sie ihr Interesse für Musik und Oper teilen kann. Auch gewinnt die Beantwortung der Lebensaufgabe Liebe und Partnerschaft an Bedeutung. Durch positive Rückmeldungen von Männern zu ihrer Person wird sie ermutigt, eine Partnerschaftsannonce in Erwägung zu ziehen.

Im familiären Bereich haben sich enge Verbindungen zu ihrem Onkel und ihrer Tante mütterlicherseits entwickelt. Von den beiden erfährt sie, dass der Vater im Krieg Menschen erschossen habe. Mit diesen traumatisierenden Kriegserfahrungen sei er offensichtlich Zeit seines Lebens nicht fertig geworden. Das Wissen darum erleichtert es ihr, die hinter Lieblosigkeit und Härte verborgene Tragik seines Lebens zu erkennen. Das gibt ihr Raum, zu seinem Verhalten eine reflexive Distanz einzunehmen und sich mit ihm zu versöhnen.

Die Erweiterung der lebensstiltypischen Wahrnehmungs- und Erlebensschemata setzt eine neue Kindheitserinnerung (im Alter von sechs Jahren) frei:

»Ein Clown steht in der Manege und sucht nach einem Kind, das zu ihm herunterkommen soll. Er sucht mich aus. Er winkt mich herunter. Stolz stehe ich im Scheinwerferlicht. Die Leute klatschen und der Clown schenkt mir eine rote Rose.«

Erstmalig kommt eine frühere Situation zur Sprache, in der sie um ihrer selbst willen – ohne Vorleistungen – im Mittelpunkt gestanden hat. Sie erlebt den Stolz des Kindes wieder, von allen Seiten mit Zuwendung bedacht worden zu sein. Auch kommt in diesem Zusammenhang ihr früherer Lehrer in den Sinn. Er habe gegenüber den Eltern den Besuch einer weiterführenden Schule durchgesetzt, weil er von ihren Fähigkeiten überzeugt war.

Die Anerkennung, dass sie trotz aller negativen Erfahrungen nicht nur von harten und versagenden Instanzen umgeben war, kommt in einem Traum am Ende der Behandlung zum Ausdruck. Unter der Überschrift »Trost« berichtet sie folgenden Trauminhalt:

»Ich bin auf einem Fest. Mein Chef ist mit mir. Ich möchte, dass er neben mir ist, aber er entschwindet unter vielen Leuten. Ich bin traurig und gehe zu meiner Mutter, die am Kopfende des Tisches sitzt. Sie sagt: »Setz Dich neben mich und iss erst mal etwas, Kind.« Da geht es mir wieder besser.

Im Vergleich zum Initialtraum (▶ Kap. 6.3.2) ist die Patientin in diesem Bild in zwischenmenschliche – sogar freudige – Zusammenhänge eingebunden. Zum ersten Mal taucht die Mutter auf. Während der »Chef« (Vater) in der Menge entschwindet, prägt sie durch ihre trostspendende Zuwendung das Traumgeschehen und gibt ihm eine positive Wendung. Insofern reflektiert der Trauminhalt den erweiterten Blick der Patientin auf die mitmenschliche Umwelt, die sie nicht mehr ausschließlich als feindlich und zurückweisend erlebt.

Die in der vorhergehenden Behandlungsphase eingeleitete Einstellungsänderung in Richtung auf mehr Gleichwertigkeit und Eingebunden-Sein wird in diesem Behandlungsabschnitt konkretisiert. Der Zuwachs an Selbstvertrauen, Identität und Zugehörigkeitsgefühl ermöglicht der Patientin eine kontinuierliche Verringerung der starren Sicherungstendenzen. Das wachsende soziale Bezogen-Sein verschafft positive Beziehungserfahrungen, die zu weiteren flexiblen und realitätsnäheren Lösungsansätzen im Verhalten und Erleben ermutigen.

6.6 Unterstützung und Festigung der Horizonterweiterung/Katamnese

Mit den Worten »Ich habe mehr Mut, ich selbst zu sein. Ich darf mir trauen, ich darf mich trauen« leitet die Patientin das Therapieende ein. Sie möchte ihren Zugewinn an Eigenständigkeit und Selbstvertrauen jetzt im Leben ausprobieren. Eine Katamnese drei Monate später wird vereinbart.

Zu diesem Termin berichtet sie von Konflikten zwischen Kollegen und ihr, die durch das Gefühl mangelnder Wertschätzung ihrer Person

6.6 Unterstützung und Festigung der Horizonterweiterung/Katamnese

ausgelöst worden seien. Im Gespräch habe sie diese Störungen angemeldet und oftmals ihren Eindruck von Vernachlässigung korrigieren können. Das Verhältnis zu Freunden erlebt sie als zufriedenstellend. Die berufliche Belastung sei zwar hoch, aber dennoch versuche sie, für gemeinsame Unternehmungen regelmäßigen Kontakt zu ihnen zu halten.

In Bezug Partnerschaft kann sie nichts Neues berichten. Das Thema sei nicht erledigt, aber sie möchte sich in dieser Hinsicht nicht unter Druck setzen.

Auf der Übertragungs-Gegenübertragungsebene zwischen Patientin und Therapeuten ist ein vertrauensvoller, freundlicher Austausch spürbar. Es herrscht ein Gefühl innerer Verbundenheit vor, einen langen Weg gemeinsam gegangen zu sein. Mit dem Wunsch des Therapeuten an die Patientin, die eingeleiteten Entwicklungsschritte weiter zu verfolgen und sich bei zukünftigen Anstrengungen und möglichen Niederlagen nicht entmutigen zu lassen, findet die Behandlung nach drei Jahren Dauer ihren Abschluss.

7 Hauptanwendungsgebiete der Individualpsychologie

Basierend auf dem von Alfred Adler entwickelten Theoriegebäude zur Entstehung und Behandlung seelischer Erkrankungen sieht die Individualpsychologie ihre Hauptaufgabe in der Prävention sowie Therapie psychischer Störungen: Krankenbehandlung durch Psychotherapie sowie Beratung als Prophylaxemaßnahme stehen gleichwertig nebeneinander.

7.1 Die individualpsychologische Beratung als Neurosenprophylaxe

Dieser Aufgabenbereich ergibt sich aus der grundlegenden Idee Adlers, dass der wesentlichste Beitrag zur gesunden Persönlichkeitsentwicklung und somit zur Vorbeugung psychischer Störungen über Erziehung erfolgen muss. In Folge hat sich die Praxis der Erziehungsberatung über Adler und seine Schüler in den USA und Europa ausgebreitet und ist heute als Teil der öffentlichen Erziehung anerkannt und institutionalisiert. Sie wendet sich an Kinder, Jugendliche und Eltern und gibt – wenn sie als individualpsychologische Beratung stattfindet – »Hilfe zur Selbsthilfe« bei der Lösung von Konflikten und Problemen im Rahmen der seelischen Entwicklung Heranwachsender.

Eng mit der Erziehungsberatung verknüpft sind pädagogische Konzepte zur Umsetzung individualpsychologischer Lehr- und Lernmethoden für den Unterricht in Schulen. In ihrem Rahmen wird der Lehrer dazu befähigt, als Instanz der Ermutigung und als Verantwortlicher für die Gestaltung der Klassengemeinschaft zu wirken (Rüedi 2016). Ihm kommt die Aufgabe zu, Kinder und Jugendlichen in ihrer Auseinandersetzung mit dem Erwachsenwerden zu begleiten. Ein Beispiel hierfür ist die Ermöglichung von Gemeinschaftserfahrungen in der Schule. Klassenräte und -gespräche beziehen Schülerinnen und Schüler in Entscheidungsprozesse ein und lassen sie Mitverantwortung für das Geschehen im Klassenzimmer übernehmen.

Über die pädagogische Beratung hinaus finden individualpsychologische Prinzipien in der Arbeit mit Erwachsenen ihre Anwendung. Hierbei kann zwischen situations- bzw. handlungsbezogener und psychotherapeutisch-orientierter individualpsychologischer Beratung (Nysten 1992) unterschieden werden. Zu der ersten Kategorie können Anwendungsgebiete zählen wie Lernberatung in der Bildungsarbeit, Supervision im Rahmen von Berufsqualifizierung und -begleitung, begleitende Beratung in der Arbeit mit alten Menschen, Beratung als Ergänzung zur stadtteilbezogenen Arbeit (Streetwork) sowie Managementberatung in Wirtschaft und Industrie. Als psychotherapeutisch-orientierte Ansätze sind zu nennen: Lebensberatung als Ergänzung zu ambulanter und klinischer Therapie, Drogen- und Suchtberatung sowie Partnerschafts- und Eheberatung an karitativen Einrichtungen oder in privater Praxis (vgl. Tymister 1995).[19]

Unter dem Aspekt der Neurosenprophylaxe ist die psychotherapeutisch-orientierte individualpsychologische Beratung nicht mehr primär-, sondern sekundärpräventiv, d. h. im Sinne der Symptombehandlung wirksam. Demnach besteht ein fließender Übergang zwischen ihr und der individualpsychologischen Psychotherapie als Behandlungsmethode psychischer Erkrankungen. Hier wie dort werden je nach Intensität der Störung theoriegeleitete Maßnahmen notwendig, die auf die Aufdeckung lebensstiltypischer ich-hafter Sicherungstendenzen sowie auf deren Umstellung in Richtung auf einen größeren Gemeinschaftsbezug ausgerichtet sind.

---

19 Eine ausführliche Beschreibung individualpsychologischer Beratungskonzepte in den verschiedenartigen Anwendungsfeldern findet sich bei Fuest et al. (2014).

7.2 Die individualpsychologische Psychotherapie als Verfahren der Neurosenbehandlung

Der Indikationsbereich der individualpsychologischen Methode als Krankenbehandlung ergibt sich aus der theoretischen Vorannahme Adlers, dass das kranke Seelenleben einer einheitlichen Grundstruktur und- dynamik folgt. Jede seelische Erkrankung hat ihre Wurzeln im Minderwertigkeitsgefühl und ihren Zweck in der Sicherung des Selbstwertgefühls. Diese Einheitlichkeit der Neurosenentwicklung schließt nicht aus, dass das Krankheitsbild auch in sehr unterschiedlichen Symptomen zutage tritt. Die Heterogenität der Störungsformen ist Ausdruck der Individualität des Kranken und der darin wirkenden schöpferischen Kraft, die in der bereits frühkindlichen Auseinandersetzung der Person mit ihren Anlage- und Umweltbedingungen freigesetzt wird. In dem Sinne ist das Individuum »Künstler seiner eigenen Persönlichkeit« (Adler 1930c, 2015, S. 7), sein Produkt sind die vielgestalten Facetten psychischer Störungen. Die grundsätzliche Unterscheidbarkeit der verschiedenen Krankheitsgruppen (z. B. von neurotischer und Borderline-Störung) erklärt sich durch die unterschiedliche Intensität und Form der leitenden Idee aufgrund verschieden stark ausgeprägter Selbstwertproblematik.

Auf diesem neurosentheoretischen Hintergrund bezieht sich die Individualpsychologie nicht auf spezifische Störungsbilder, sondern sieht ihr Hauptanwendungsgebiet in der psychotherapeutischen Behandlung von *psychischen Störungen aller Art*. Neurotische Krankheitsbilder in ihren spezifischen Erscheinungsformen von der Angst über Depression und Zwang bis zur Hysterie zählen ebenso zu ihrem Behandlungsspektrum wie psychosomatische Erkrankungen und narzisstische Persönlichkeitsstörungen. Weiterhin findet sie Anwendung bei Patienten mit Anpassungsstörungen, bei der Behandlung von Menschen in Lebenskrisen (z. B. infolge von Traumatisierung, Migration und Flucht) sowie in der Therapie von Perversionen, psychotischen Zuständen, antisozialem Verhalten, Drogenabhängigkeit und Kriminalität. Das Arbeitsfeld individualpsychologischer Psychotherapeuten und -analytiker schließt

7.2 Die individualpsychologische Psychotherapie

zudem die Behandlung frühgestörter Kinder und Erwachsener sowie die therapeutische Begleitung von Alterspatienten mit ein.

8 Settings und die therapeutische Beziehung

8.1 Individualpsychologische Beratung

Aufgrund des breiten Spektrums von Anwendungsmöglichkeiten sind die Rahmenbedingungen für individualpsychologisches Handeln sehr verschieden. Sie unterscheiden sich vor allem im Beratungskontext, abhängig davon, in welchem Arbeitsfeld diese Leistung stattfindet. Das Gruppengespräch mit Schülern folgt anderen Voraussetzungen als das Führungskräfte-Coaching in der Wirtschaft, die Eingliederungshilfe von jungen Frauen findet unter anderen Bedingungen statt als die interkulturelle Beratungsarbeit. Durch seine variable Einsetzbarkeit spricht das Beratungsangebot auch eine Vielzahl unterschiedlicher Personengruppen in verschiedenen Altersklassen an – vom Vorschulkind und seinen Eltern bis hin zum alten Menschen. Hierbei kann es den einzelnen Menschen in den Vordergrund stellen wie auch in Form von Gruppengesprächen durchgeführt werden.

Von einer Einheitlichkeit der Rahmenbedingungen und der Zielgruppen für die individualpsychologische Beratungsarbeit ist demnach nicht auszugehen. Dagegen folgt sie als Methode bestimmten Prinzipien und Leitlinien, die bezogen auf die jeweiligen Lebenskontexte und spezifischen Bedürfnisse ihres Klientels umgesetzt werden. Sie finden sich in der Beziehung zum Ratsuchenden und im Umgang mit ihm wieder.

Für das beratende Vorgehen ist kennzeichnend, dass es sich als eine an Gleichwertigkeit orientierte Form seelischer Hilfestellung versteht. Die Begegnung »auf Augenhöhe« zwischen Berater und Ratsuchendem und ein dialogischer Austausch zwischen beiden sind zentrale Komponenten des Geschehens. Als Wegbereiter für ein gelingendes Gespräch bemüht sich der individualpsychologische Berater um Selbstkongruenz, Einfühlung und Echtheit und schafft damit die Basis für ein vertrauensvolles Miteinander. Da er nicht bestimmte Interessen bzw. eigene Erwartungen vertritt, ist er gegenüber dem Ergebnis des Beratungsgesprächs offen. Er konzentriert sich stattdessen auf den Prozess und schwingt empathisch mit den Such-Bewegungen des Ratsuchenden mit. Das beinhaltet auch das Verweilen, Innehalten, Verlangsamen wie auch das gemeinsame Aushalten von Unklarheiten und Ambiguitäten.

Zur Klärung unbewusster Lebensmuster, die bei der Lösung der aktuellen Fragestellung eine förderliche oder auch hinderliche Funktion haben, kann der Berater auf die bereits dargestellten Methoden der Individualpsychologie zur Lebensstilanalyse zurückgreifen (z. B. Vermeidensfrage, Kindheitserinnerungen, Geschwisterkonstellation etc., ▶ ab Kap. 4.1) zurückgreifen.

Für die individualpsychologische Gruppen-Beratung gelten die gleichen Prinzipien wie im Einzel-Setting. Nur muss der Berater hier auf eine stärkere Strukturgebung und Moderation, ggf. Mediation zwischen den Einzelstandpunkten achten. Eine Ablaufplanung, wie die Beratertätigkeit in der Gruppe aussehen könnte, findet sich bei Fuest (2014).

Als Fazit für eine gelungene Beratung kann das Ausmaß herangezogen werden, in dem das Vertrauen des Ratsuchenden in die eigenen Fähigkeiten und Selbsthilfepotentiale gewachsen ist. Die Verschreibung von Ratschlägen ist für diese Zielsetzung nicht hilfreich. Sie bewirkt das Gegenteil, da sie dem Ratsuchenden seine Unfähigkeit zur Selbsthilfe quasi »bescheinigt«. Stattdessen wird Selbstwertgefühl und Selbstvertrauen durch den ermutigenden Dialog gestärkt, sich vorbehaltlos auf andere Menschen einzulassen, sich mit Problemen auseinanderzusetzen und aus den dabei unweigerlich auftretenden Hindernissen und Misserfolgen ohne große Angst vor Prestige- und Wertverlust zu lernen (Gerhardt 1995).

8.2 Individualpsychologische Psychotherapie

In der Psychotherapie ist das Setting in Form von Einzel- und Gruppentherapie eher vorgegeben. Beide Angebote werden sowohl im ambulanten als auch stationären Rahmen durchgeführt und beziehen sich auf die Krankenbehandlung von Kindern, Jugendlichen und Erwachsenen mit seelischen Störungsbildern, wobei sich deren Erscheinungsformen wiederum deutlich voneinander unterscheiden können. Im therapeutischen Vorgehen kann zwischen einer tiefenpsychologischen oder psychoanalytischen Behandlung unterschieden werden.

Das tiefenpsychologische Vorgehen ist indiziert bei der Bearbeitung aktueller Probleme bzw. bei der Manifestation von Entwicklungsstörungen, die in dem alltäglichen Umfeld und in den aktuellen zwischenmenschlichen Beziehungen auftreten. Behandlungsziele sind Wiederherstellung und Stabilisierung des emotionalen Gleichgewichts und eine bessere Lebensbewältigung bei gleichzeitiger Symptomreduzierung. Die Behandlung konzentriert sich auf das Erkennen und Bearbeiten der in den aktuellen zwischenmenschlichen Bezügen auftretenden psychischen Konflikte und ihren Zusammenhang mit den Symptomenbildungen. Auf der Suche nach flexibleren Bewältigungsstrategien werden supportiv-stützende und psychoedukative Maßnahmen eingesetzt. Supportiv gewähren sie einerseits Freiraum zur emotionalen Verarbeitung und Distanzierung vom Belastungsgeschehen, psychoedukativ strukturieren sie andererseits den Therapieverlauf in Richtung auf eine lösungsorientierte Problembewältigung.

Bei einer starken lebensgeschichtlichen Verankerung des Störungsbildes in der Gesamtpersönlichkeit ist das analytische Vorgehen die Methode der Wahl. Sie greift damit weiter als der tiefenpsychologische Ansatz, indem sie auf einen Umstellungs- und Wandlungsprozess von aus der Biografie ableitbaren neurotischen und/oder strukturellen Dispositionen abzielt. Mit diesem Anspruch erhöht sich auch die Anzahl der dazu benötigten Behandlungsstunden.

Die Entscheidung für das eine oder andere Vorgehen geschieht im Einzelfall. Da bei ihm beides – ein aktueller Auslöserkonflikt und/oder ein Persönlichkeitsproblem – vorliegen kann (aber nicht muss), ist das

»Mischungsverhältnis« zwischen dem einen und dem anderen Problembereich abzuwägen.

Die Einzeltherapie findet vorzugsweise im Sitzen statt[20]. Diese Anordnung verweist auf die Gleichwertigkeit in der Beziehung zwischen individualpsychologischem Psychotherapeuten/-analytiker und dem Patienten. Die Begegnung »auf Augenhöhe« ist ebenso wie im Beratungskontext tragendes Element des therapeutischen Geschehens, das mit den dazugehörigen Behandlungsschritten bereits andernorts ausführlich dargelegt wurde (▶ Kap. 5.2).

Obwohl Adler in seiner Theoriebildung das soziale Bezogensein des Menschen hervorstellt, hat er sich mit der naheliegenden Frage der Patientenbehandlung in der Gruppe nicht befasst. Dementsprechend liegen von ihm auch keine Konzeptualisierungen zu diesem Thema vor. Zwar hat sein Schüler Rudolf Dreikurs (1958) schon 1928 unter dem Namen »Kollektiv-Therapie« Gruppenpsychotherapie durchgeführt, jedoch hat sich dieser Ansatz nicht im individualpsychologischen Behandlungsangebot etablieren können. Erst allmählich beginnen Individualpsychologen, sich mit den Entwicklungen der modernen Gruppenanalyse vertraut zu machen und ihre Ergebnisse in die Theoriebildung ihrer Schule und in ihr Handeln zu integrieren.

Auf der anderen Seite verfügt die Individualpsychologie über Erfahrung mit Großgruppen. Sie gehen zurück auf Adler und seine Mitarbeiter, die vor einem öffentlichen Auditorium Klienten- und Patientenberatungen durchführten (▶ Kap. 1). Im Bereich der Psychotherapie ist die Großgruppe von Rattner (1973) propagiert worden. Er hält eine Teilnehmerzahl von mehr als 180 Personen für möglich. Vorträge und Vorlesungen wechseln ab mit praktischen Falldemonstrationen im Plenum. Die angenommenen Vorteile sind, dass das Problem des Ratsuchenden von vielen ernstgenommen wird und er auf diese Weise eine Anerkennung seiner Person erfährt. Auch bekommen die Inter-

---

20 Gleichwohl besteht die Möglichkeit für den Patienten, vom Sitzen ins Liegen auf der Couch zu wechseln. Dieses ist besonders dann indiziert, wenn er durch den Zwang zur Einhaltung sozialer Konventionen im spontanen Ausdruck seiner Gefühle und Assoziationen gehemmt und diese Hemmung noch nicht therapeutisch bearbeitbar ist.

ventionen des Therapeuten durch die Zustimmung der Zuhörer besonderes Gewicht. Die Großgruppenteilnehmer selbst können aus dem Beobachteten Schlüsse auf die eigene Situation ziehen.

Das Verhältnis zwischen dem Demonstrierenden und dem Auditorium ist leiterzentriert, da die Zuhörerschaft nur eine beobachtende Funktion mit eingeschränkter Mitsprache des Einzelnen am Geschehen einnimmt.

Die Blütezeit der Großgruppe war in den 1970er Jahren. Sie fand vor allem im studentischen Milieu des damaligen Westberlins statt, hat sich aber als feste Institution in der Individualpsychologie nicht etablieren können. Seit dem Rückzug Rattners aus der therapeutischen Praxis ist der Großgruppen-Gedanke als Behandlungsmethode in den Hintergrund getreten.

9 Wissenschaftliche Evidenz

Zur Beantwortung der wissenschaftlichen Evidenz psychotherapeutischer Verfahren (und damit auch der Individualpsychologie) werden im wissenschaftlichen Diskurs die Methoden der Evidence-Based-Medicine (EBM) als maßgeblich herangezogen. Sie gelten als Gütestandard für die Erfassung der Wirksamkeit von Behandlungsmethoden. Für eine verlässliche Erkenntnisgewinnung zum Nutzennachweis wird zwischen drei Arten von Wirksamkeitsprüfungen unterschieden:

- Efficacy: Die Wirksamkeitsprüfung findet unter kontrollierten Bedingungen im Rahmen randomisierter klinischer Prüfungen statt.
- Effectiveness: Die Wirksamkeitsprüfung geschieht im klinischen Setting bzw. unter Praxisbedingungen ohne Kontrollprozeduren.
- Efficiency: Gemeint ist das Verhältnis der Therapiewirksamkeit zu ihren medizinisch-ökonomischen Kosten und Risiken.

Laut EBM sind efficacy-Studien als sog. »Level I-Studien« der »Goldstandard« zur Gewinnung patientenübergreifender objektiver Aussagen über die Wirksamkeit einer Behandlungsmethode.[21] Weniger wertvoll sind die Level II-Studien, die mithilfe klinisch-naturalistischer Untersuchungen »Effectiveness« erfassen. Pilot- und fallkontrollierte Studien sowie Reviews mit Datenanalyse sind in einem Mittelbereich wissenschaftlicher Aussagekraft angesiedelt (Level III und IV). Fallberichte/Kasuistiken sind Level V- bzw. Level-VI-Studien und gelten im

---

21 Entsprechend werden sie von der APA (American Psychiatric Association) und mit ihr im Zuge von namhaften Fachzeitschriften derzeit nur noch als wissenschaftlich akzeptiert.

EBM statt als »evidence-based« als »eminence-based«. Ihnen kommt damit aus EBM-Sicht die geringste Wissenschaftlichkeit zu.

Die Erfüllung der von der EBM gestellten Anforderungen, empirisch-statistische Nutzennachweise zu gewinnen, ist für die individualpsychologische Wirksamkeitsforschung (wie auch für die anderer psychotherapeutischer Schulen) aus wissenschaftlich-methodischen Gründen nur schwer leistbar. Ein Haupteinwand ist, dass die Individualpsychologie wissenschaftstheoretisch einen idiographischen Ansatz vertritt. Er versucht den Einzelfall in seiner Einmaligkeit ganzheitlich abzubilden. Hierzu verwendet die Individualpsychologie – wie andere psychoanalytische Verfahren auch – hermeneutische, d. h. biografisch-interpretative Erkenntnis- und Verstehensmethoden.

Dagegen baut die EBM auf einem nomothetischen Verständnis auf, das über empirisch-analytische Methoden Regelwissen zum »allgemeinen« Funktionieren der Persönlichkeit generiert. Aus psychoanalytischer Sicht stellt sich dieser Ansatz für ihre Belange als unterkomplex dar (Henningsen und Rudolf 2002). Es besteht ein Mangel an externer Validität, da sich die in experimentellen Designs wie dem RCT gewonnenen Ergebnisse auf eine hoch selektive Patientenstichprobe beziehen. Sie sind für die Störungsbilder in den therapeutischen Praxen mit ihren Komorbiditäten nicht repräsentativ. Daneben finden Therapeuten- und Patientenvariablen in ihrem Einfluss auf den Therapieprozess zu wenig Beachtung (Wampold 2001, Lambert und Ogles 2004), auch sind die Patientenstichproben aufgrund ihrer Heterogenität untereinander nur schwer vergleichbar. Ein weiterer kritischer Punkt ist das verstärkte Augenmerk der EBM auf Outcome-Studien. Prozessbegleitforschung etwa zu entwicklungspathologischen Reifungsprozessen oder zur Regulierung und Strukturbildung von Affekten kommt hingegen zu kurz (Lehmkuhl 2005).

Trotz dieser methodisch-theoretischen Einwände können sich die psychoanalytischen Schulen und mit ihnen die Individualpsychologie den Forderungen der EBM nicht verschließen, um nicht ihre praktische, wissenschaftliche und gesundheitspolitische Relevanz zu verlieren. Während für die Freudianische Therapierichtung bereits umfangreiche Datensätze aus naturalistischen effectiveness- Studien mit Vorher-Nachher-Vergleich vorliegen (vgl. Sandell 2002, Leuzinger-

Bohleber 2003), haben sich im Vergleich dazu nur wenige Studien speziell mit der Individualpsychologie befasst. Sie stammen teilweise aus den 1970er und 1980er Jahren (Erhard 1974, Sonneck et al. 1978, Friedrich 1983, Kropunigg und Ringel 1988) und haben Daten aus psychiatrisch-psychosomatischen Settings sowie sog. »Child-Guidance«-Institutionen unter Effektivitätsgesichtspunkten betrachtet. Auf dem Hintergrund der damaligen Standards konventioneller empirisch-statistischer Forschung konnten sie eine Abnahme von Krankenhausverweildauer, Krankenhausaufenthalten, Arztbesuchen und Medikamentenkonsum im Zusammenhang mit einer individualpsychologischen Behandlung feststellen.

In einer prospektiv-naturalistischen Studie von Brockmann (2001) wurde eine Behandlungsgruppe von Patienten mit depressiven und Angst-Störungen, die sich in individualpsychologischer Langzeittherapie (im Mittel 185 Sitzungen) befand, mit einer diagnostisch vergleichbaren Patientengruppe in verhaltenstherapeutischer Langzeittherapie (im Mittel 63 Sitzungen) verglichen. Hierzu wurde eine prä-post- sowie eine Verlaufsmessung nach einem Jahr, 2,5 Jahren und 3,5 Jahren Behandlung durchgeführt. Zusätzlich fanden katamnestische Gespräche statt. Als Zielgrößen wurden erfasst: Veränderungen in der Symptomatik, im Erleben und Verhalten sowie bei interpersonellen Problemen.

Eine erste Aussage dieser Studie weist darauf hin, dass trotz gleicher diagnostischer Einstufung sich die psychoanalytisch-individualpsychologisch behandelte Gruppe wesentlich von der verhaltenstherapeutischen Vergleichsgruppe unterscheidet:

- Patienten, die sich für die individualpsychologische Behandlung entscheiden, haben einen höheren Bildungsabschluss als solche in verhaltenstherapeutischer Behandlung.
- Die Zugangswege zur Psychotherapie sind für beide Gruppen unterschiedlich. Individualpsychologie-Patienten kommen häufiger aufgrund von Informationen aus dem Freundeskreis bzw. aus eigener Kenntnis in die Therapie, Verhaltenstherapie-Patienten aufgrund von externer Überweisung.

- Verhaltenstherapie-Patienten sind in Bezug auf ihre Symptome stärker belastet als Individualpsychologie-Patienten und nehmen auch signifikant mehr psychotrope Medikamente zu sich.
- Für Individualpsychologie-Patienten hat das Therapieziel, die eigene Geschichte aufzuarbeiten, eine größere Bedeutsamkeit als für die Vergleichspopulation. Für beide Gruppen ist die Bearbeitung ihrer Selbstwertproblematik von hoher Relevanz.

Beim Ergebnisvergleich unterscheiden sich beide Gruppen sowohl zu Beginn als auch am Ende der Behandlungen in Bezug auf die Symptombelastung signifikant voneinander. Die Verhaltenstherapie-Gruppe beginnt und beendet ihre Behandlung mit einer höheren Symptombelastung als die Individualpsychologie-Gruppe. Die überzufällige Verringerung der Symptomatik über den Behandlungsverlauf bei beiden Gruppen hängt bei der individualpsychologischen Behandlung möglicherweise mit ihrer höheren Stundenzahl zusammen. In Bezug auf interpersonale Probleme sind bei der individualpsychologischen Gruppe die größten Effektstärken zu verzeichnen. Die Problemminderung in diesem Bereich tritt in der Regel in der Endphase der Behandlung auf, während sich Erleben und Verhalten in beiden Gruppen wesentlich früher verbessern.

Auch bei den depressiven Störungen zeigen sich bessere Effekte unter der individualpsychologischen Behandlungsbedingung, während bei den Angststörungen die Verhaltenstherapie-Gruppe bessere Ergebnisse aufweist. Aufgrund einer geringen Anzahl von Patienten mit diesem Krankheitsbild ist jedoch die Effektstärke für beide Behandlungsbedingungen nicht eindeutig sicher beurteilbar.

Eine weitere an EBM-Kriterien ausgerichtete prospektive naturalistische Längsschnittstudie bei individualpsychologischer Therapie ist von Schleussner (2005) und von Klar (2005) vorgelegt worden. Eine Gruppe von Behandlungsbedürftigen und von Gesunden (als Kontrollgruppe) wurde hinsichtlich ihrer Veränderungen im psychopathologischen Befund und in der körperlichen Beschwerdehäufigkeit miteinander verglichen. Die Ergebnisse wurden mittels Prä-Post-Messung und Katamnese erhoben, die statistische Verarbeitung erfolgte mithilfe multivariater Verfahren und Signifikanzmessung, Erhebung der Effektstärken und externer Ergebnisvalidierung.

Anhand der Veränderungsmessung über den Längsschnitt des Behandlungsverlaufs von drei Jahren ist bei der Therapiegruppe sowohl im psychopathologischen Befund (Psychasthenie und Depression) als auch bei den körperlichen Beschwerden, insbesondere bei Herzbeschwerden, ein genereller Rückgang zu verzeichnen. Der Therapieeffekt stellte sich vor allem in den ersten beiden Jahren der Behandlung ein, während im dritten Jahr ein leichter Wirkungsrückgang erkennbar war. Dem entspricht das Literaturergebnis, dass der Wirkungszenit bei 160 Stunden und ca. 2,5 Jahren erreicht wird (Kordy und Hannöver 2000). Bei fortschreitender Dauer der Behandlung wird eine Dosiserhöhung in Form zunehmender Stundenzahl notwendig, um weitere Veränderungen zu erzielen (Orlinsky und Howard 1986).

Die Katamnese ergibt eine hohe Zufriedenheit der ehemaligen Patienten mit der therapeutischen Beziehung und dem Behandlungserfolg. Auch wird von einem Zuwachs an spontanem, freundlichem und gelassenem Umgang mit sich selbst berichtet (Schleussner 2005).

Der Vergleich mit der Kontrollgruppe der Gesunden im Rahmen der Katamnese zeigt bei den Patienten der Untersuchungsgruppe eine signifikant günstigere Entwicklung auf als bei den nichtbehandelten Personen der Gesunden (Klar 2005).

Im Kinder- und Jugendlichen-Bereich hat Weber (2005) eine prospektive Untersuchung mit Katamnese über den Zeitraum von acht Jahren durchgeführt. Auch hier wurden mithilfe unterschiedlicher Diagnoseverfahren zum psychischen und körperlichen Befinden unter Einbezug von Fremdbeurteilungen (durch die Eltern) eine Therapie- und eine unbehandelte Kontrollgruppe miteinander verglichen. Neben den beiden Gruppen musste noch im Laufe der Therapie eine zusätzliche Gruppe, die der Abbrecher, etabliert werden. Ihre Daten flossen zusätzlich in die statistische Analyse (nicht näher ausgeführt) ein.

In der Untersuchungsgruppe sind signifikante Verbesserungen im Vergleich zur Kontrollgruppe in Bezug auf emotionale Stabilität, Kontaktfähigkeit, realistisches Selbstkonzept, Selbstwertgefühl zu verzeichnen. Die besten Ergebnisse in dieser Hinsicht wurde von der Gruppe der Abbrecher erlangt, was möglicherweise die frühzeitige Beendigung der Behandlung erklärt. Im Bereich körperliches Befinden sind in allen drei Gruppen positive Effekte zum Zeitpunkt der Katamnese im Unterschied zur Anamnese feststellbar. Die Kontrollgruppen-Kinder zeigen dabei die besten Ergebnisse. Der verbesserte Gesundheitszustand der Kinder wird von den Eltern ebenfalls wahrgenommen und sogar noch positiver als von den Kindern selbst eingeschätzt.

Die Autorin führt methodenkritisch an, dass die Ergebnisse eines Vorher-Nachher-Vergleichs nur begrenzt die in einer Langzeitbehandlung stattfindenden intrapsychischen Entwicklungsprozesse abbilden können. Auch fehlen dafür geeignete Verfahren, die einen erweiterten Zugang zu den Veränderungs- und Wachstumsprozessen von 9- bis 16-Jährigen ermöglichen.

Weitere Psychotherapieforschung unter Nutzung naturalistischer Studiendesigns ist demnach im individualpsychologischen Therapie- und Beratungssetting notwendig. Idealerweise sind auch metaanalytische Untersuchungen anzustreben, um die Aussagen zur Wirksamkeit der individualpsychologischen Behandlungsmethode im Rahmen der EBM zu vervollständigen.

10 Klinische Evidenz

Analog zur Zielsetzung der EBM, wissens- und erkenntnisbasiertes Therapiehandeln zu ermöglichen, kann die Betrachtung qualitativer Informationen in Form von Fallberichten die klinische Evidenz in den Praxisfeldern der Individualpsychologie sichern. Sie werden zum Ausgangspunkt kritisch-diskursiver Analyse des Therapieprozesses und seiner Wirksamkeit. In dieser Hinsicht verfügt die Individualpsychologie über eine lange Tradition, die bis auf Alfred Adler zurückgeht. Er selbst hat eigene Fallberichte zur Grundlage genommen, um seine theoretischen und behandlungstechnischen Vorstellungen vor- und zur Diskussion zu stellen (vgl. Adler 1928a, 1974). Auch kommt dieses Vorgehen dem theoretischen Anspruch der Individualpsychologie als ein auf die Person als Ganzes bezogenen Ansatz entgegen. Das Einmalige, das den Patienten kennzeichnet, und der daraus sich entwickelnde therapeutische Prozess stehen im Vordergrund.[22]

So können in den Einzelfalldarstellungen die individuellen Aspekte der Persönlichkeitsstruktur, die Bildung und Umbildung kognitiver Schemata, die Bindungs- und Beziehungsmodi des Patienten sowie das Zusammenspiel zwischen Therapeutenverhalten und Therapieprozess zur Sprache kommen. Der Umstellungsvorgang als ein vielgestaltiges, weder summativ noch linear ablaufendes Geschehen wird auf diese Weise transparent und einer systematischen Reflexion zugänglich (vgl. Dreher 1998). Nicht zuletzt kann das klinische Material dazu herangezogen werden, Behandlungskonzepte über Induktionsschlüsse theoretisch wie praktisch weiter zu entwickeln. Hierfür ist bei der Darstel-

---

22 Das Paradigma der Falldarstellung dient auch in anderen psychoanalytischen Richtungen als grundsätzlicher Ansatz der Psychotherapieforschung.

lung der Fallbeispiele auf die Erfüllung der Gütekriterien für qualitativ hochwertige Information zu achten. Relevante Kriterien sind: Stimmigkeit/Plausibilität – Realitätsangemessenheit – intersubjektive Nachvollziehbarkeit – adäquate Beschreibung des Patienten als Gegenstand der Betrachtung (vgl. Schigl 2013).

Unter Anerkennung der von der EBM vorgebrachten methodischen Einwände gegenüber Falldarstellungen als eminence-based ist demnach festzuhalten, dass sie als Methode der Erforschung intrapsychischer Veränderungen und zur Einschätzung von Behandlungsnachweisen derzeit für die Individualpsychologie noch unverzichtbar sind.

Forum für die diskursive Auseinandersetzung mit Therapie- und Beratungsprozessen mittels Einzelfallverläufen bietet das Fachblatt der deutschsprachigen Gesellschaften für Individualpsychologie, die »Zeitschrift für Individualpsychologie« (ZfIP). Ein Überblick über die in diesem Organ im Zeitraum von 2000–2016 erschienen Veröffentlichungen erbringt, dass ca. jede fünfte Publikation auf mehr oder minder vollständigen Darstellungen von Therapieverläufen beruht. Im Vordergrund steht die individualpsychologische Psychotherapie bei

- Patienten mit Persönlichkeits-, somatoformen, neurotischen und Abhängigkeitsstörungen,
- traumatisierten, entwicklungs- und beziehungsgestörten Kindern und Jugendlichen,
- Patienten mit Trauma- und Krisenerfahrung.

Thematisch werden in den Fallberichten theoretische Vorannahmen, Behandlungsstrategien, Patienten- und Therapeutenvariablen sowie daraus entstehende Therapieeffekte miteinander verknüpft. Das Maß der klinischen Evidenz misst sich an dem berichteten Behandlungserfolg und am Grad der Zustimmung von Fachkollegen. Unter Anwendung dieser qualitativen Kriterien kann davon ausgegangen werden, dass die in den Falldarstellungen vorgebrachten psychotherapeutischen Erfolge maßgeblich mit der Anwendung individualpsychologischer Methoden in Verbindung zu bringen sind. Vieles spricht demnach dafür, die Frage nach der klinischen Wirksamkeit dieses Verfahrens in der Behandlung psychisch kranker Erwachsener, Kinder und Jugendlicher positiv zu beantworten. Ein weiteres »weiches« Indiz dafür ist die Anerkennung der individualpsychologischen Therapie als ein gesetzlich zur Patientenbehandlung zugelassenes psychodynamisches Verfahren.

11 Institutionelle Verankerung

Die Entwicklung der Individualpsychologie als ein von der Psychoanalyse nach Sigmund Freud unabhängiges psychodynamisches Verfahren erforderte den Aufbau eigenständiger institutioneller Rahmenbedingungen. Sie dienen der Festigung einer individualpsychologischen Identität sowie der Ermöglichung fortlaufender Reflexion und Publikation von schulenspezifischen Überlegungen zu Theorie- und Behandlungskonzepten.

Den für diese Zwecke benötigten organisatorischen Rahmen stellt in Deutschland die im Jahre 1967 gegründete Deutsche Gesellschaft für Individualpsychologie (DGIP) dar. Die DGIP gibt das Fachorgan »Zeitschrift für Individualpsychologie« (ZfIP) in Zusammenarbeit mit dem Österreichischen Verein für Individualpsychologie und der Schweizerischen Gesellschaft für Individualpsychologie heraus. Auch ist sie Ausrichter des jährlich stattfindenden Kongresses für Individualpsychologie in Kooperation mit dem jeweils für die Organisation verantwortlichen Institut.

Der DGIP zugeordnet sind sechs regional verteilte Aus- und Weiterbildungsbildungsinstitute, in denen die Ausbildung für tiefenpsychologisch fundierte bzw. psychoanalytische Psychotherapie für Ärzte und Psychologen angeboten wird. Zusätzlich zu diesen Berufsgruppen können Pädagogen die Ausbildung zum Kinder- und Jugendlichenpsychotherapeuten absolvieren. Weiter bieten die regionalen Alfred-Adler-Institute die zweijährige berufsbegleitende Weiterbildung zum Individualpsychologischen Berater/Supervisor an. Sie richtet sich an Angehörige beratender, lehrender, seelsorgerischer und pflegerischer Berufe.

11 Institutionelle Verankerung

Zur weiteren institutionellen Verankerung der Individualpsychologie gehört die Mitwirkung der DGIP in der Deutschen Gesellschaft für Psychoanalyse, Psychotherapie, Psychosomatik und Tiefenpsychologie (DGPT). Diese stellt den Dachverband sämtlicher psychoanalytischer Schulen in Deutschland dar und umfasst neben der DGIP die Deutsche Psychoanalytische Vereinigung (DPV), die Deutsche Psychoanalytische Gesellschaft (DPG) und die Deutsche Gesellschaft für Analytische Psychologie (DGAP).

In der Schweiz wurde 1948 die Schweizerische Gesellschaft für Individualpsychologie nach Alfred Adler (SGIPA) gegründet. Sie ist Trägerin des Kompetenzzentrums für Individualpsychologie nach Alfred Adler, in dessen Rahmen Aus- und Weiterbildung für individualpsychologische Psychotherapie, Beratung, Vorschulerziehung, Erziehung und Gerontologie angeboten werden.

Der österreichische Verein für Individualpsychologie geht auf die Gründung von Alfred Adler im Jahre 1912 zurück. Er gehört somit zu den ältesten tiefenpsychologischen Vereinigungen. Die fachspezifische Ausbildung für individualpsychologische Psychotherapeuten erfolgt in Kooperation mit der Universität Wien und dem Wiener Kreis für Psychoanalyse und Selbstpsychologie. Sie berechtigt zum Eintrag in die Psychotherapeutenliste mit der methodenspezifischen Zusatzbezeichnung »Individualpsychologie«. Zudem bietet der Verein in Kooperation mit anderen psychosozialen Berufsfeldern Workshops und Fortbildungslehrgänge an.

Die nationalen Verbände für Individualpsychologie sind durch ihre Mitgliedschaft in der International Association of Individual Psychology (IAIP) international vernetzt. Ihr gehören außer den bereits genannten individualpsychologischen Gesellschaften Vereinigungen aus Kanada, den USA, Ungarn, Italien, Malta, Rumänien, Bulgarien, Frankreich, Großbritannien, Israel, Litauen, den Niederlanden und Japan an.

12 Informationen zur Aus-, Fort- und Weiterbildung

Die Aus- und Weiterbildung für tiefenpsychologisch fundierte und analytische Psychotherapie bzw. Kinder- und Jugendlichenpsychotherapie (KJP) setzt den Studienabschluss in Medizin, Psychologie oder Pädagogik (für KJP) voraus. Für die Weiterbildung in Deutschland verantwortlich sind die unten genannten Ausbildungsinstitute. Sie sind von der Kassenärztlichen Bundesvereinigung als tiefenpsychologische und analytische Weiterbildungsinstitute anerkannt. Der erfolgreiche Abschluss führt zur Approbation und dem Eintrag ins Ärzteregister als Grundlage für die Zulassung.

Die Ausbildungsgänge finden berufsbegleitend statt und haben eine gesetzlich vorgeschriebene Mindestdauer von fünf Jahren. Gemäß den gesetzlichen Vorgaben setzt sich die Ausbildung zusammen aus den Bausteinen:

- Theorieseminare,
- klinisches Praktikum mit 1200 Stunden und psychosomatisches Praktikum mit 600 Stunden,
- mündliches Vorkolloquium,
- praktische Ausbildung in den Institutsambulanzen, kooperierenden Kliniken, Lehrpraxen,
- kontinuierliche Supervision der Behandlungsfälle,
- staatliche Abschlussprüfung,
- Lehranalyse über die gesamte Ausbildung hinweg.

Abgeschlossen werden kann die Psychotherapie-Ausbildung mit einem tiefenpsychologischen bzw. psychoanalytischen Abschluss. Letzterer wird im Rahmen der sog. verklammerten Ausbildung erworben.

Die Ausbildung zum individualpsychologischen Berater/Supervisor ist ähnlich wie die Psychotherapie-Ausbildung strukturiert. Sie dauert in der Regel 2,5 Jahre und beinhaltet

- Theorieseminare,
- Praxissemester mit Methodenlehre, Selbsterfahrung und Supervision,
- Hospitationen in individualpsychologisch geführten Einrichtungen,
- Selbsterfahrung einzeln und in Gruppen.

Neben den Ausbildungsinstituten werden von der Alfred-Adler-Akademie als übergeordnetes Organ der DGIP Fortbildungsangebote in Form von Tagungen, Seminaren und Vorträgen angeboten. Sie wendet sich an Mitglieder der DGIP wie auch an Personenkreise, die an der Individualpsychologie interessiert sind.

In Österreich und in der Schweiz sind die Angebote der Ausbildungsinstitute sowohl für die Berufsgruppen der Ärzte, Psychologen und Pädagogen als auch für die der Berater inhaltlich ähnlich wie in Deutschland aufgebaut. Für die Psychotherapeuten berechtigt die Absolvierung der Lehrprogramme zur Durchführung von Psychotherapie bzw. Psychoanalyse entsprechend den gesetzlichen Vorgaben der jeweiligen Länder.

Im Folgenden werden die Anschriften der Aus- und Weiterbildungsinstitutionen in einer Übersicht dargestellt:

Deutschland

Deutsche Gesellschaft für Individualpsychologie e. V. (DGIP)
Bundesgeschäftsstelle
Buttermarkt 2
99867 Gotha
https://www.dgip.de/

Alfred-Adler-Institut Aachen-Köln e. V.
Theodor-Heuss-Ring 36
50668 Köln
http.aai-aachen-koeln.de/

Alfred-Adler-Institut Düsseldorf e. V.
Degerstrasse 10
40235 Düsseldorf
http.aaid.org/

Alfred-Adler-Gesellschaft für Individualpsychologie in Berlin e. V.
Neue Kantstraße 4
14057 Berlin
http.aai.berlin/

Alfred-Adler-Institut für Freie Psychoanalyse e. V.
Erthalstraße 1
55118 Mainz
http.adler-institut-mainz.de/home.html

Alfred-Adler-Institut Nord. E.V.
Adelheider Straße 15
27755 Delmenhorst
http.aain-delmenhorst.de/

Alfred-Adler-Institut für Individualpsychologie e. V.
Dall‹ Armistraße 24
80638 München
http.adlerinstitut-muenchen.de

Alfred-Adler-Akademie der Deutschen Gesellschaft für Individualpsychologie
c/o Deutsche Gesellschaft für Individualpsychologie e. V. (DGIP)
Bundesgeschäftsstelle
Buttermarkt 2
99867 Gotha
https://www.dgip.de

Schweiz

Schweizerische Gesellschaft für Individualpsychologie nach Alfred Adler (SGIPA)
Dufourstrasse 24
CH-8008 Zürich
http.alfredadler.ch/sgipa

Akademie für Individualpsychologie GmbH
Ifangstrasse 10
CH-8302 Kloten
http.akademie-individualpsychologie.ch/

Alfred Adler Institut Vorschulerziehung Bern
Hohmattweg 4
CH-3267 Seedorf
http.aai-vebe.ch/willkommen-beim-alfred-adler-institut-vorschulerziehung-bern/

Alfred Adler Institut IP-Erziehung / AAI-VIPE
Haldenstrasse 75
CH-4900 Langenthal
http.aai-ip-erziehung.ch/

Alfred Adler Institut Generationen und Alter / AAI-VEGA
Lerchenfeldstrasse 7
CH-3603 Thun
http.aai-generationenundalter.ch/

disziplin.ch – Theorie und Praxis der Klassenführung
Prof. Dr. Jürg Rüedi
Fachhochschule Nordwestschweiz (FHNW)
Pädagogische Hochschule
Benzburgweg 30
CH-4410 Liestal
https.disziplin.ch/

Österreich

Österreichischer Verein für Individualpsychologie
Hernalser Hauptstraße 15
A – 1170 Wien
http://www.oevip.at/

Psychotherapeutisches Fachspezifikum Individualpsychologie an der SFU
Freudplatz 1
A – 1020 Wien
http.individualpsychologie.at/

Literatur

Adler, A.: Gesundheitsbuch für das Schneidergewerbe. C. Heymanns-Verlag, Berlin, 1898
Adler, A.: Das Eindringen sozialer Triebkräfte in die Medizin. Ärztl. Standeszeitung 1,1, 1902a, 1-3
Adler, A.: Eine Lehrkanzel für soziale Medizin. Ärztl. Standeszeitung, 1,7, 1902b, 1-2
Adler, A.: Stadt und Land. Ärztl. Standeszeitung, 2,18, 1903a, 1-2
Adler, A: Staatshilfe oder Selbsthilfe? Ärztl. Standeszeitung, 2, 21,1903b, 1-3
Adler, A: Der Arzt als Erzieher. Ärztl. Standeszeitung, 3, 18, 1904, 4-5
Adler, A: Das sexuelle Problem in der Erziehung. Neue Gesellschaft, 8, Berlin, 1905a. Nachdruck in: Z. f. Individualpsychol., 1977,2, 2-6
Adler, A: Drei Psycho-Analysen von Zahleneinfällen und obsedierenden Zahlen. Psychiatr. Neurol. Wschr. 7, 1905b, 263-266
Adler, A: Studie über Minderwertigkeit von Organen. Urban und Schwarzenberg, Wien, 1907. Nachdruck: S. Fischer-Verlag, Frankfurt/M, 1977
Adler, A.: Sadismus und Neurose. In: Nunberg,H., Federn, E. (Hrsg.): Protokolle der Wiener Psychoanalytischen Vereinigung, Bd I, 1906-1908. Nachdruck: S. Fischer-Verlag, 1976, 382-384
Adler, A.: Über die Einheit der Neurosen. In: Nunberg,H., Federn, E. (Hrsg.): Protokolle der Wiener Psychoanalytischen Vereinigung, Bd II, 1908-1910. Nachdruck: S. Fischer-Verlag, Frankfurt/M., 1977, 234-240
Adler, A.: Über den nervösen Charakter: Grundzüge einer vergleichenden Individual-Psychologie und Psychotherapie. Bergmann, Wiesbaden, 1912. Nachdruck: S. Fischer-Verlag, Frankfurt/M., 1972
Adler, A., Furtmüller, C. (Hrsg.): Zeitschrift für Individualpsychologie: Studien aus dem Gebiet der Psychotherapie, Psychologie und Pädagogik. 1914 (erschienen bis 1916)
Adler, A., Furtmüller, C. (Hrsg.): Heilen und Bilden: Grundlagen der Erziehungskunst für Ärzte und Pädagogen 1914. Nachdruck: S. Fischer-Verlag, Frankfurt/M., 1973
Adler, A.: Der Aggressionstrieb im Leben und in der Neurose. Fortschr. Med.,26, 1908a. Nachdruck in: Adler, A., Furtmüller, C. (Hrsg.): Heilen

und Bilden: Grundlagen der Erziehungskunst für Ärzte und Pädagogen 1914. Nachdruck: S. Fischer-Verlag, Frankfurt/M., 1973, 53-62

Adler, A.: Das Zärtlichkeitsbedürfnis des Kindes. Monatsh. Pädag. Schulpol., 1, 1908b. Nachdruck in: Adler, A., Furtmüller (Hrsg.): Heilen und Bilden: Grundlagen der Erziehungskunst für Ärzte und Pädagogen 1914. Nachdruck: S. Fischer-Verlag, Frankfurt/M., 1973, 63-66

Adler, A.: Über neurotische Disposition. In: Adler, A., Furtmüller, C. (Hrsg.): Heilen und Bilden: Grundlagen der Erziehungskunst für Ärzte und Pädagogen 1914. Nachdruck: S. Fischer-Verlag, Frankfurt/M., 1973, 67-84

Adler, A.: Der psychische Hermaphroditismus im Leben und in der Neurose. Fortschr. Med., 28, 1910a. Nachdruck in: Adler, A., Furtmüller, C. (Hrsg.): Heilen und Bilden: Grundlagen der Erziehungskunst für Ärzte und Pädagogen 1914. Nachdruck: S. Fischer-Verlag, Frankfurt/M., 1973, 85-93

Adler, A.: Die Rolle der Sexualität in der Neurose. In: Adler, A., Furtmüller, C. (Hrsg.): Heilen und Bilden: Grundlagen der Erziehungskunst für Ärzte und Pädagogen 1914. Nachdruck: S. Fischer-Verlag, Frankfurt/M., 1973, 94-102

Adler, A.: Verdrängung und »männlicher Protest«: ihre Rolle und Bedeutung für die neurotische Dynamik. In: Adler, A., Furtmüller, C. (Hrsg.): Heilen und Bilden: Grundlagen der Erziehungskunst für Ärzte und Pädagogen 1914. Nachdruck: S. Fischer-Verlag, Frankfurt/M., 1973, 102-113

Adler, A: Bolschewismus und Seelenkunde. In: Der Friede. Wochenschr. f. Politik, Volkswirtschaft und Lit. 2, Wien 1918. Nachdruck in: Ansbacher, H.L., Antoch, R.F.(Hrsg.): Psychotherapie und Erziehung. Ausgewählte Aufsätze, Bd.II. S. Fischer-Verlag, Frankfurt/M., 1982, 23-32

Adler, A.: Praxis und Theorie der Individualpsychologie. Vorträge zur Einführung in die Psychotherapie für Ärzte, Psychologen und Lehrer. Bergmann-Verlag, München, 1920. Nachdruck: S. Fischer-Verlag, Frankfurt/M., 1974

Adler, A: Vorwort zur 1. Aufl. In: Adler, A: Praxis und Theorie der Individualpsychologie. Vorträge zur Einführung in die Psychotherapie für Ärzte, Psychologen und Lehrer. Bergmann-Verlag, München, 1920. Nachdruck: S. Fischer-Verlag, Frankfurt/M., 1974, 15

Adler, A.: Die Individualpsychologie, ihre Voraussetzungen und Ergebnisse. In: Adler, A: Praxis und Theorie der Individualpsychologie. Vorträge zur Einführung in die Psychotherapie für Ärzte, Psychologen und Lehrer. Bergmann-Verlag, München, 1920. Nachdruck: S. Fischer-Verlag, Frankfurt/M., 1974, 19-32

Adler, A.: Individualpsychologische Behandlung der Neurosen. In: Sarason, D. (Hrsg.): I. Jahreskurse für ärztliche Fortbildung. Lehmann, München, 1913. Nachdruck in: Adler, A.: Praxis und Theorie der Individualpsychologie. Vorträge zur Einführung in die Psychotherapie für Ärzte, Psychologen und Lehrer. Bergmann-Verlag, München, 1920. Nachdruck: S. Fischer-Verlag, Frankfurt/M., 1974, 48-66

Adler, A.: Die psychische Behandlung der Trigeminusneuralgie. Zbl. Psychoanal. 1, 1910b. Nachdruck in: Adler, A.: Praxis und Theorie der Individual-

psychologie. Vorträge zur Einführung in die Psychotherapie für Ärzte, Psychologen und Lehrer. Bergmann-Verlag, München, 1920. Nachdruck: S. Fischer-Verlag, Frankfurt/M., 1974, 91-111
Adler, A.: Das Problem der Distanz. In: Adler, A.: Praxis und Theorie der Individualpsychologie. Vorträge zur Einführung in die Psychotherapie für Ärzte, Psychologen und Lehrer. Bergmann-Verlag, München, 1920. Nachdruck: S. Fischer-Verlag, Frankfurt/M., 1974, 112-119
Adler, A.: Zum Verständnis des Widerstands in der Behandlung. In: Adler, A: Praxis und Theorie der Individualpsychologie. Vorträge zur Einführung in die Psychotherapie für Ärzte, Psychologen und Lehrer. Bergmann-Verlag, München, 1920. Nachdruck: S. Fischer-Verlag, Frankfurt/M., 1974, 152-160
Adler, A: Über die Homosexualität. In: Adler, A: Praxis und Theorie der Individualpsychologie. Vorträge zur Einführung in die Psychotherapie für Ärzte, Psychologen und Lehrer. Bergmann-Verlag, München, 1920. Nachdruck: S. Fischer-Verlag, Frankfurt/M., 1974, 188-202
Adler, A: Die Zwangsneurose. In: Adler, A: Praxis und Theorie der Individualpsychologie. Vorträge zur Einführung in die Psychotherapie für Ärzte, Psychologen und Lehrer. Bergmann-Verlag, München, 1920. Nachdruck: S. Fischer-Verlag, Frankfurt/M., 1974, 203-213
Adler, A: Über individualpsychologische Erziehung. In: Adler, A: Praxis und Theorie der Individualpsychologie. Vorträge zur Einführung in die Psychotherapie für Ärzte, Psychologen und Lehrer. Bergmann-Verlag, München, 1920. Nachdruck: S. Fischer-Verlag, Frankfurt/M., 1974, 221-227
Adler, A: Dostojewski. In: Adler, A: Praxis und Theorie der Individualpsychologie. Vorträge zur Einführung in die Psychotherapie für Ärzte, Psychologen und Lehrer. Bergmann-Verlag, München, 1920. Nachdruck: S. Fischer-Verlag, Frankfurt/M., 1974, 281-290
Adler, A: Die neuen Gesichtspunkte in der Frage der Kriegsneurose. Med. Klin. 14, 1918, Nachdruck in: Adler, A: Praxis und Theorie der Individualpsychologie. Vorträge zur Einführung in die Psychotherapie für Ärzte, Psychologen und Lehrer. Bergmann-Verlag, München 1920. Nachdruck: S. Fischer-Verlag, Frankfurt/M., 1974, 291-303
Adler, A: Verwahrloste Kinder. In: Adler, A: Praxis und Theorie der Individualpsychologie. Vorträge zur Einführung in die Psychotherapie für Ärzte, Psychologen und Lehrer. Bergmann-Verlag, München, 1920. Nachdruck: S. Fischer-Verlag, Frankfurt/M., 1974, 326-339
Adler, A.: Fortschritte der Individualpsychologie. Int. Z. Individualpsychol. 2,1, 1923, 1-7
Adler, A: Die Ehe als Gemeinschafts-Aufgabe. In: Keyserling, H. (Hrsg.): Das Ehe-Buch: Eine neue Sinngebung im Zusammenklang der Stimmen führender Zeitgenossen. Kampfmann, Celle, 1925. Nachdruck: Ansbacher, H.L., Antoch, R.F. (Hrsg.): Psychotherapie und Erziehung. Ausgewählte Aufsätze, Bd. II. S. Fischer-Verlag, Frankfurt/M., 1982, 84-91

Adler, A., Seif, L., Kaus, O. (Hrsg.): Individuum und Gemeinschaft. Schriften der internationalen Gesellschaft für Individualpsychologie. Bergmann-Verlag, München, 1926

Adler, A: Menschenkenntnis. Hirzel, Leipzig 1927a. Nachdruck: S. Fischer-Verlag, Frankfurt/M., 1966

Adler, A.: Individualpsychologie und Wissenschaft. Int. Z. Individualpsychol., 5, 1927b. Nachdruck in: Ansbacher, H.L., Antoch, R.F.(Hrsg.): Psychotherapie und Erziehung. Ausgewählte Aufsätze, Bd. II. S. Fischer-Verlag, Frankfurt/M., 1982, 193-203

Adler, A: Die Technik der Individualpsychologie. Erster Teil. Die Kunst, eine Lebens- und Krankengeschichte zu lesen. Bergmann-Verlag, München, 1928a. Nachdruck: S. Fischer-Verlag, Frankfurt/M., 1974

Adler, A.: Kurze Bemerkung über Vernunft, Intelligenz und Schwachsinn. Intern. Z. f. Individualpsychol., 6, 1928b. Nachdruck in: Ansbacher, H.L., Antoch, R.F. (Hrsg.): Psychotherapie und Erziehung. S. Fischer-Verlag, Frankfurt/M., 1982, 224-231

Adler, A: Die Gefahren der Isolierung. Zbl. Vormundschaftsw. 15, 3. 1928c Nachdruck in: Ansbacher, H.L., Antoch, R.F. (Hrsg.): Psychotherapie und Erziehung. S. Fischer-Verlag, Frankfurt/M., 1982, 48-51

Adler, A.: Über den nervösen Charakter: Grundzüge einer vergleichenden Individual-Psychologie und Psychotherapie. 4. Aufl., Bergmann-Verlag, München, 1928d. Nachdruck: S. Fischer-Verlag, Frankfurt/M., 1972

Adler, A., Furtmüller, C., E. Wexberg (Hrsg.): Heilen und Bilden: Grundlagen der Erziehungskunst für Ärzte und Pädagogen 3. Aufl., Bergmann-Verlag, München, 1928e. Nachdruck: S. Fischer-Verlag, Frankfurt/M., 1973

Adler, A: Individualpsychologie in der Schule: Vorlesungen für Lehrer und Erzieher. Hirzel, Leipzig, 1929a. Nachdruck: S. Fischer-Verlag, Frankfurt/M., 1973

Adler, A.: Problems of neurosis: a book of case histories. Kegan Paul, Trench, Trubner, London, 1929b. Deutsche Übersetzung: Ansbacher H.L., Antoch, R.F (Hrsg.): Neurosen. Zur Diagnose und Behandlung. S. Fischer-Verlag, Frankfurt, 1981

Adler, A.: The patterns of life. Cosmopolitan Book, New York, 1930a. Deutsche Übersetzung: Das Leben gestalten. S. Fischer-Verlag, Frankfurt/M., 1979

Adler, A.: Die Technik der Individualpsychologie. Zweiter Teil. Die Seele des schwererziehbaren Schulkindes. Bergmann-Verlag, München, 1930 b. Nachdruck: S. Fischer-Verlag, Frankfurt/M., 1974

Adler, A.: The education of children. New York, Greenberg, 1930c. Nachdruck: Routledge, London, New York, 2015

Adler, A.: Grundbegriffe der Individualpsychologie. In: Giese, F. (Hrsg.): Handwörterbuch der Arbeitswissenschaft. Band 1. Marhold-Verlag, Halle/S., 1930d, 2428-2437

Adler, A.: Nochmals – Die Einheit der Neurosen. Int. Z. Indiv. psychol. 8,1930e, 201-216

Adler, A.: What life should mean to you. Little & Brown, Boston, 1931a. Deutsche Übersetzung: Wozu leben wir. S. Fischer-Verlag, Frankfurt/M., 1979

Adler, A.: Zwangsneurose. Int. Z. f. Individualpsychol., 9, 1931b. Nachdruck in: Ansbacher, H.L., Antoch, R.F. (Hrsg.): Psychotherapie und Erziehung. S. Fischer-Verlag, Frankfurt/M., 1982, 85-105

Adler, A.: Der Sinn des Lebens. Passer-Verlag, Leipzig, Wien, 1933a. Nachdruck: S. Fischer-Verlag, Frankfurt/M., 1973

Adler, A.: Über den Ursprung des Strebens nach Überlegenheit und des Gemeinschaftsgefühls. Int. Z. f. Individualpsychol., 11, 1933b. Nachdruck in: Ansbacher, H.L., Antoch, R.F.(Hrsg.): Psychotherapie und Erziehung. S. Fischer-Verlag, Frankfurt/M., 1982, 21-30

Adler, A.: Religion und Individualpsychologie. In: Jahn, E. und Adler, A.: Religion und Menschenführung: eine prinzipielle Auseinandersetzung über Menschenführung. Passer-Verlag, Wien, Leipzig 1933c. Nachdruck: S. Fischer-Verlag, Frankfurt/M., 1975

Adler, A.: Neurotisches Weltbild. Int. Z. f. Individualpsychol., 14,1936, 129–137

Andriessens, E.: Verzeichnis der Hilfsmittel zur individualpsychologischen Praxis. Unveröff. Manuskript, Braunschweig, ohne Jahresangabe

Ansbacher, H.L. und Ansbacher, R.: Alfred Adlers Individualpsychologie. Ernst Reinhardt Verlag, München, Basel, 1972

Ansbacher, H. und Ansbacher, R.: Alfred Adlers Individualpsychologie. Eine systematische Darstellung seiner Lehre in Auszügen aus seinen Schriften. 3. Aufl., Ernst Reinhardt Verlag, München, Basel, 1982

Antoch, R.F.: Von der Kommunikation zur Kooperation. Studien zur individualpsychologischen Theorie und Praxis. Ernst Reinhardt Verlag, München, Basel, 1981

Antoch, R.F.: Lebensaufgaben. In: Brunner, R., Kausen, R., Titze, M (Hrsg.): Wörterbuch der Individualpsychologie. Ernst Reinhardt Verlag, München, Basel, 1985, 249-250

Antoch, R.F.: Über das Selbstsein im Bezogensein-Übertragungsmomente in Adlers Konzept des »Lebensstils«. Z. f. Individualpsychol., 2006, 31, 347-360

Aronson, E., Wilson, T.D., Akert, R.M.: Sozialpsychologie. 6. Aufl., Pearson Studium, München, 2008

Barker, R., Dembo, T., Lewin, K. (1941): Frustration and Regression. An Experiment with Young Children, Studies in Topological and Vector Psychology II, University of Iowa Press, Iowa 1941, 216-219

Beck, A., Rush, J., Shaw B.F., Emery, G: Cognitive Therapy of Depression. The Guilford Press, New York, 1979

Benkmann, K.-H.: Erziehungsstile. In: Brunner, R., Kausen, R., Titze, M. (Hrsg.): Wörterbuch der Individualpsychologie. Ernst Reinhardt Verlag, München, Basel, 1985, 109-114
Berne, E.: What Do You Say After You Say Hello? The psychology of human destiny. Grove Press, New York, 1972
Binswanger, L.: Ausgewählte Werke: Vorträge und Aufsätze. Bd. 3., Asanger Verlag, Kröning, 1994
Bion, W.: Notes on Memory and Desire. Psycho-Analytic Forum Bd. 2, 3, 1967, 271–280
Boss, M: Von der Psychoanalyse zur Daseinsanalyse. Wege zu einem neuen Selbstverständnis. Europa-Verlag, Berlin, München, Wien, Zürich, 1979
Brockmann, J.: Psychoanalytisch orientierte Langzeittherapien: Qualitative Ergebnisse – Behandlungsbeginn, Patientenziele und Katamneseinterview. Z. f. Individualpsychol., 26,4, 2001, 304-324
Bruder-Bezzel, A.: Geschichte der Individualpsychologie. In: Brunner, R., Titze, M.: Wörterbuch der Individualpsychologie. Ernst Reinhardt Verlag, München, Basel 1995, 193-204
Bruder-Bezzel, A.: Geschichte der Individualpsychologie. 2. neu bearbeitete Auflage. Vandenhoeck & Ruprecht, Göttingen, 1999
Bruder-Bezzel, A und Lehmkuhl G. (Hrsg.): Alfred Adler Briefe 1896-1937. Ernst Reinhardt Verlag München, Basel, 2011
Datler, W., Reinelt, T.: Das Konzept der tendenziösen Apperzeption und seine Relevanz. In: Reinelt, T., Datler, W. (Hrsg.): Beziehung und Deutung im psychotherapeutischen Prozeß aus der Sicht verschiedener therapeutischer Schulen. Springer Verlag, Berlin, Heidelberg, New York, 1989, 73-88
Datler, W., Sturm, G.: Individualpsychologie. In: Stumm, G. und Wirth, B.: Psychotherapie: Schulen und Methoden. Falter-Verlag, Wien, 1991, 50-61
Dilthey, W.: Die Entstehung der Hermeneutik. In: Gunter Reiß (Hrsg.): Materialien zur Ideologiegeschichte der deutschen Literaturwissenschaft. Bd. 1, Max Niemeyer-Verlag, Tübingen, 1973, 55-68
Dollard, J.S., Miller, N.E.: Frustration and Aggression. Yale University Press, New Haven, 1939
Dreher, A.U: Psychoanalytische Konzeptforschung. Verlag Internationale Psychoanalyse, Stuttgart, 1998
Dreikurs, R.: Grundbegriffe der Individualpsychologie. Klett Cotta Verlag, Stuttgart, 1969
Dreikurs, R.: Kinder fordern uns heraus. Klett Cotta Verlag, Stuttgart, 1975
Dreikurs, R.: Die Anfänge der Gruppenpsychotherapie in Wien. Wiener Med. Wchschr. 41,1958. Zit. nach Gfäller, G.R.: Gruppenpsychotherapie. In: Brunner, R., Titze, M. (Hrsg.): Wörterbuch der Individualpsychologie. Ernst Reinhardt Verlag, München Basel, 1995, 217-223
Eife, G.: Das psychodynamische Modell der individualpsychologischen Therapie. Z. f. Individualpsychol.,1, 2006, 6–10

Eife, G.: Gemeinschaftsgefühl und Vollendungsstreben. Z. f. Individualpsychol., 4, 2011, 305-313

Ellenberger, H.F.: Die Entdeckung des Unbewussten. Huber-Verlag, Bern, Stuttgart, 1973

Ellis, A.: Humanistic Psychotherapy. The rational-emotive approach. McGraw-Hill, New York, 1973

Erhard, R.: Katamnestische Untersuchung ehemaliger Patienten des Instituts für Erziehungshilfe unter besonderer Berücksichtigung von Lernstörungen. Zit. nach: Presslich-Titscher, E., Datler, W.: Wirksamkeitsforschung in der Psychotherapie und öffentlicher Legitimationsdruck. Z. f. Individualpsychol., 19,3, 1994, 203-213

Friedrich, M.H.: Adoleszenzpsychosen. Karger-Verlag, Basel, 1983

Frankl, V.: Ärztliche Seelsorge. Grundlagen der Logotherapie und Existenzanalyse. Deuticke, Wien 1946. Nachdruck: S. Fischer-Verlag, Frankfurt/M., 1997

Freud, S.: Analyse der Phobie eines fünfjährigen Knaben. In: Freud, S.: Gesammelte Werke. Werke aus den Jahren 1906-1909, Bd. VII., 7. Aufl. S. Fischer-Verlag, Frankfurt/M., 1993, 241-377

Freud, S.: Triebe und Triebschicksale. In Freud, S.: Gesammelte Werke aus den Jahren 1913-1917. Bd. X. 8. Aufl. S. Fischer-Verlag, Frankfurt/M., 1991, 210-232

Freud, S.: Das Unbewusste. In: Freud, S.: Gesammelte Werke aus den Jahren 1913-1917, Bd. X. 8. Aufl., S. Fischer-Verlag/M., 1991, 264-305

Freud, S.: Bemerkungen über die Übertragungsliebe. In: Freud, S.: Gesammelte Werke aus den Jahren 1913-1917. Bd. X., 8. Aufl., S. Fischer-Verlag, Frankfurt/M., 1991, 306-323

Freud, S.: Zur Geschichte der Psychoanalytischen Bewegung. Internationaler Psychoanalytischer Verlag, Leipzig, 1924

Fromm, E.: Escape from Freedom, Farrar & Rinehart, New York, 1941

Fuest, A., John, F., Wenke, M. (Hrsg.): Handbuch der individualpsychologischen Beratung in Theorie und Praxis. Waxmann Verlag, Münster, New York, 2014

Gerhardt, G.: Ermutigung und Selbstermutigung. In: Fuest, A., John, F., Wenke, M. (Hrsg.): Handbuch der individualpsychologischen Beratung in Theorie und Praxis, Waxmann Verlag, Münster, New York, 2014, 237-247

Goldstein, K.: Der Aufbau des Organismus. Nijhoff-Verlag, Den Haag, 1934

Gröner, H.: 25 Jahre Deutsche Gesellschaft für Individualpsychologie (1962-1987). Z. f. Individualpsychol. 2,1985, 55-69

Gröner, H.: Zur Geschichte der Individualpsychologie in Europa. Z. f. Individualpsychol, 4, 1992, 309-320

Hahn, P.: Wissenschaft und Wissenschaftlichkeit in der Humanmedizin. In: Pieringer, W., Ebner, F. (Hrsg.): Zur Philosophie in der Medizin. Springer, Wien, New York, 2000, 35-54

Literatur

Handlbauer, B.: Die Entstehungsgeschichte der Individualpsychologie Alfred Adlers. Geyer-Edition, Wien, 1984

Heisterkamp, G.: Grundzüge der Therapie und Beratung. Z. f. Individualpsychol., 2,1980, 65-77

Heisterkamp, G.: Psychotherapie als Beziehungsanalyse. Z. f. Individualpsychol., 8,2, 1983, 86-105

Heisterkamp, G.: Geschwisterkonstellation. In: Brunner, R., Kausen, R., Titze, M. (Hrsg.): Wörterbuch der Individualpsychologie. Ernst Reinhardt Verlag, München, Basel, 1985, 178-180

Henningsen, P., Rudolf, G.: Zur Bedeutung der Evidence-Based Medicine für die Psychotherapeutische Medizin. PPmP, 50, 366-375

Hoffman, E.: Alfred Adler: Ein Leben für die Individualpsychologie. Ernst Reinhardt Verlag, München, Basel, 1997

Horney, K.: Der neurotische Mensch unserer Zeit. Bibliothek der Psychoanalyse. 2. Aufl., Psychosozial-Verlag, Gießen, 2014

Jones, E.: Das Leben und Werk von Sigmund Freud. Bd. 3: Die letzte Phase 1919-1939. Hans Huber Verlag, Bern, Stuttgart, 1962

Jung, C.G.: Zwei Schriften über Analytische Psychologie. GW 7, 4. Aufl., Edition C.G. Jung, Patmos-Verlag, Ostfildern, 2015

Kernberg, O.: Neue Überlegungen zur Frage der Identität. In: Remmel, A., Kernberg, O., Vollmoeller, W., Strauß, B.: Handbuch Körper und Persönlichkeit, Schattauer Verlag, 2006, 3-21

Klar, F. J.: Wirksamkeit individualpsychologisch-psychoanalytischer Psychotherapie. Z. f. Individualpsychol., 30,1,2005, 28-50

Kordy, H., Hannöver, W.: Die Evaluation von Psychotherapie und das Konzept der »klinisch bedeutsamen Veränderungen«. In: Laireiter, A.R. (Hrsg.): Diagnostik in der Psychotherapie. Springer, Wien, 2000, 477-495

Kraiker, Ch.: Psychoanalyse, Behaviorismus, Handlungstheorie – Theoriekonflikte in der Psychologie. Kindler Verlag, München, 1982

Kropunigg, U., Ringel, E.: Hilfe durch Psychotherapie. Facultas-Verlag, Wien, 1988

Lambert, M.J., Ogles, B.M.: The efficacy and effectiveness of psychotherapy. In: Lambert, M.J. (ed.): Handbook of psychotherapy and behavior change. 5. Aufl. Wiley, New York 2004, 139-193

Lehmkuhl, G.: Editorial- Psychotherapieforschung. Z. f. Individualpsychol., 30,1, 2005, 3-5

Lazarsfeld, S.(Hrsg.): Richtige Lebensführung: volkstümliche Aufsätze zur Erziehung des Menschen nach den Grundsätzen der Individualpsychologie. Moritz Perles Verlag, Wien, Leipzig, 1926

Leuzinger-Bohleber, M., Stuhr, U., Rüger, B., Beutel, M.: How to study the quality of psychoanalytic treatments and their long-term effect on patients` well-being. Int. J. Psychoanal., 2003, 84, 263-290

Lohmann, H.-M.: Noch einmal: Das Unbehagen in der Psychoanalyse. In: Lohmann, H.-M. (Hrsg.): Die Psychoanalyse auf der Couch. S. Fischer-Verlag, Frankfurt/M., 1984, 7-17

Lorenzer, A.: Die Wahrheit der psychoanalytischen Erkenntnis. Ein historisch-materialistischer Entwurf. Suhrkamp Verlag, Frankfurt/M., 1974, 138

Maslow, A. A.: Psychologie des Seins. Kindler Verlag, München, 1973

Maslow, A. A. Motivation und Persönlichkeit. rororo Verlag, Reinbek, 1981

Metzger, W.: Adler als Autor. In: Eicke, D. (Hrsg.): Tiefenpsychologie Bd. 4., Psychologie des 20. Jahrhunderts. Beltz, Weinheim, Basel, 1982, 25-41

Neumann, J. (Hrsg.): Du und der Alltag: eine Psychologie des täglichen Lebens. Warneck Verlag, Berlin, 1926a

Neumann, J.: Die Gefühle und das Ich. Bergmann-Verlag, München, 1926b

Nietzsche, F.: »Du sollst werden, der Du bist«. Psychologische Schriften. In: Wehr, G. (Hrsg.): Friedrich Nietzsche. Opus Magnum Verlag, Stuttgart, 2013

Nunberg, H., Federn, E. (Hrsg): Protokolle der Wiener Psychoanalytischen Vereinigung, Bd. I, 1906 – 1908. Nachdruck: S. Fischer-Verlag, Frankfurt/M., 1976, 382f

Nunberg, H., Federn, E. (Hrsg): Protokolle der Wiener Psychoanalytischen Vereinigung, Bd. III, 1910- 1911. Nachdruck: S. Fischer-Verlag, Frankfurt/M., 1979, 62

Nysten, R.: Supervision von Beratung. In: Lehmkuhl, U. (Hrsg.): Methoden und Prozess individualpsychologischer Therapie und Beratung. Beiträge zur Individualpsychol., 15. Ernst Reinhardt Verlag, München, Basel, 1992, 113-120

Orgler, H.: Alfred Adler. Triumph über den Minderwertigkeitskomplex. Urban &Schwarzenberg, Wien, 1972, zit. nach Seelmann K.: Adlers Lebenslauf – bis zu seiner Trennung von Freud. In: Eicke, D. (Hrsg.): Tiefenpsychologie Bd. 4., Psychologie des 20. Jahrhunderts. Beltz Verlag, Weinheim, Basel, 1982, 6-24

Orlinsky, D.E., Howard, J.: Process and outcome in Psychotherapy. In: Garfield, S.L., Bergin, A.E. (eds.): Handbook of psychotherapy and behavior change. 3. Aufl. J. Wiley, New York, 1986, 311-384

Pongratz, L.J.: Neurose. In: Brunner, R., Kausen, R., Titze, M. (Hrsg.): Wörterbuch der Individualpsychologie, Ernst Reinhardt Verlag, München, Basel, 1985, 309-315

Pongratz, L.J.: Unbewusstes. In: Brunner, R., Kausen, R., Titze, M. (Hrsg.): Wörterbuch der Individualpsychologie. Ernst Reinhardt Verlag, München Basel, 1985, 470-473

Rattner, J.: Neue Psychoanalyse und intensive Psychotherapie. Einführung in die Theorie und Praxis der Tiefenpsychologie in ihren Weiterentwicklungen seit Sigmund Freud. S. Fischer-Verlag, Frankfurt/M., 1974

Rattner, J.: Die Individualpsychologie Alfred Adlers: Einführung in die tiefenpsychologische Lehre von Alfred Adler. Kindler, München, 1981

Literatur

Rattner, J: Gruppentherapie. Die Psychotherapie der Zukunft. S. Fischer-Verlag, Frankfurt/M., 1973

Riemann, F.: Grundformen der Angst. 2. Aufl., Ernst Reinhardt-Verlag, München, Basel, 1982

Rogers, C.R: Entwicklung der Persönlichkeit. Psychotherapie aus der Sicht eines Therapeuten. 13. Aufl., Klett-Cotta, Stuttgart, 2000

Rüedi, J: Gibt es eine individualpsychologische Pädagogik? Z f. Individualpsychol.,4, 2016, 358-379

Rühle, A. und Rühle, O.: Schwererziehbare Kinder. Eine Schriftenfolge. Verlag am anderen Ufer, Dresden, 1926

Sandell, R.: Multimodal analysis of temporal interactions in the effects of psychoanalysis and long-term psychotherapy. In: Leuzinger-Bohleber, M., Target, M. (Eds.): Outcomes of psychoanalytic treatment: Perspectives for therapists and researchers. Whurr Publisher, London, 2002, 252-263

Sasse, H.: Kritische Studie zum Modellvorhaben der Techniker-Krankenkasse »Qualitätsmonitoring in der ambulanten Psychotherapie«. E-Book, download htpp://www.dgip.de/publikationen 2011

Schiferer, R.: Alfred Adler – Eine Bildbiographie. Ernst Reinhardt Verlag, München, Basel, 1995

Schigl, B.: Von der Idee zur Eingrenzung der Forschungsfrage über die Thesenbildung zum Design. In: Rieß, G. (Hrsg.): Psychotherapieforschung, Wissenschaftliche Beratung und Vernetzung. Tagungsband zum Workshop 2012. Bundesgesundheitsministerium für Gesundheit, 2013, 41-55

Schlegel, L.: Die Transaktionale Analyse. Franke Verlag, Tübingen, 1988

Schleussner, D.: Wirksamkeit individualpsychologisch-psychoanalytischer Psychotherapie – Eine Langzeitstudie zur Psychotherapieforschung. Z. f. Individualpsychol., 30,1, 2005, 51-77

Schmidt, R: Psychologie und Politik. In: Mohr, F.J. (Hrsg.): Beiträge zur Individualpsychologie. Bd. 4, Ernst Reinhardt-Verlag, München, Basel, 1983, 54-70

Schmidt, R.: Träume und Tagträume. Kohlhammer Verlag, Stuttgart, 1980

Schultz-Henke, H.: Der gehemmte Mensch: Entwurf eines Lehrbuches der Neo-Psychoanalyse, 6. Aufl. Thieme, Stuttgart, 1940, 1989, 7

Seelmann, K.: Adlers Individualpsychologie. In: Eicke, D. (Hrsg.): Tiefenpsychologie, Psychologie des 20. Jahrhunderts. Bd. 4, Beltz Verlag, Weinheim, Basel, 1982, 42- 113

Seidenfuß, J.: Gemeinschaftsgefühl. In: Brunner, R., Titze, M. (Hrsg.): Wörterbuch der Individualpsychologie. 2. Aufl., Ernst Reinhardt-Verlag, München, Basel, 185-191

Sonneck, G., Till, W., Strauss, F.: Krisenintervention im Rahmen einer Psychiatrischen Ambulanz verglichen mit einem extramuralen Therapiezentrum. Zit. nach: Presslich-Titscher, E., Datler, W.: Wirksamkeitsforschung in der Psychotherapie und öffentlicher Legitimationsdruck. Z. f. Individualpsychol., 19,3, 1994, 203-213

Sperber, M.: Alfred Adler oder Das Elend der Psychologie. Ullstein Verlag, Berlin/Wien, 1983
Sullivan, H. S.: Conceptions of Modern Psychiatry. William A. White Psychiatric Foundation, Washington D.C., 1939, 1966
Titze, M.: Lebensziel und Lebensstil. Grundzüge der Teleoanalyse nach Alfred Adler. Pfeiffer-Verlag, München, 1979
Titze, M., Kausen, R.: Trieb. In: Brunner, R., Kausen, R., Titze, M. (Hrsg.): Wörterbuch der Individualpsychologie. Ernst Reinhardt Verlag, München, Basel, 1985, 454-457
Titze, M.: Private Logik. In: Brunner, R., Kausen, R., Titze, M. (Hrsg.): Wörterbuch der Individualpsychologie. Ernst Reinhardt Verlag, München, Basel, 1985, 265-266
Titze, M.: Beziehung und Deutung in der Individualpsychologie oder: Reziprokes Verstehen und dialogischer Perspektivenwechsel. In: In: Reinelt, T., Datler, W. (Hrsg.): Beziehung und Deutung im psychotherapeutischen Prozeß aus der Sicht verschiedener therapeutischer Schulen. Springer Verlag, Berlin, Heidelberg, New York, 1989, 39-56
Tymister, H.J.: Beratung In: Brunner, R. und Titze, M.: Wörterbuch der Individualpsychologie. Ernst Reinhardt Verlag, München, Basel, 1995, 59-63
Vaihinger, H.: Die Philosophie des Als Ob. Nachdr. d. Orig.-Ausg. v. 1918. Salzwasser-Verlag, Paderborn, 2013
Wampold, B.E.: The great psychotherapy debate: models, methods, findings. Lawrence Erbaum Assoc., Mahwah NJ, 2001
Weber, M.: Analytische Psychotherapie mit Kindern und Jugendlichen – Eine Studie zur Behandlungswirksamkeit. Z. f. Individualpsychol., 30, 1, 2005, 6-27
Wehr, G.: Die großen Psychoanalytiker. Profile-Ideen-Schicksale. Patmos-Verlag, Düsseldorf, 2003
Wexberg, E.: Handbuch der Individualpsychologie. 1. Bd., 2. Bd. Bergmann-Verlag, München, 1926
Wexberg, E.: Individualpsychologie. Eine systematische Darstellung. Hirzel Verlag, Leipzig, 1930. Nachdruck: Klett Cotta Verlag, Stuttgart, 1987
Winterhoff, M.: Warum unsere Kinder Tyrannen werden. Oder: Die Abschaffung der Kindheit. Gütersloher Verlagshaus, Gütersloh, 2008
Zwiebel, R.: Von der Angst, Psychoanalytiker zu sein. Klett Cotta Verlag, Stuttgart, 2007

Stichwortverzeichnis

A

Abstinenzregel 98
Aggressionstrieb 19, 71 f.
Anamnese 90
Angst 80 f., 131
Apperzeption, tendenziöse 78, 118
Archetypen 75
Arrangement 81 f.
– neurotisches 78
Attitüde 100
Attitüde, zögernde 79

B

Beratung
– individualpsychologische 33, 126 f.
Bewegungsgesetz 73, 75
Bezogensein 54

C

Causa efficiens 79
Causa finalis 79
Charakter, neurotischer 78
Common Sense 52 f., 79

E

Effectiveness 135 f.
Efficacy 135
Efficiency 135
Einheit der Neurosen 19, 82
Einheit der Persönlichkeit 76, 88, 90
Einzelfalldarstellungen 141
Entmutigung 47 f., 50, 65
Ermutigung 65, 100, 127
Erziehungsberatung 26, 126
Erziehungsfragen 46
Erziehungsstil 23, 47, 65 f., 81
Evidence-Based-Medicine (EBM) 135
Evidenz, klinische 142

F

Familienatmosphäre 63 f., 91
Familienklima 62 f.
Fiktionen, leitende- 38, 42, 52
Finalität 41, 51
Frustrations-Aggressions-Hypothese 73

G

Geltung 40, 48, 116
Geltungsstreben 49, 74
Gemeinschaftsgefühl 23, 41, 53–58, 60, 66, 77, 94
Geschwisterkonstellation, -reihe 62, 68, 70 f.
Gesprächspsychotherapie 43

Gesundheit 82
Gleichwertigkeit 43, 53, 92, 114, 121, 130, 133

H

Hermaphroditismus, psychischer 19

I

Ich-haftigkeit 53
Ich-Psychologie 19, 36, 38
In-der-Schwebe-Halten 98
Initialtraum 115
Insuffizienzgefühl 77

K

Kindheitserinnerungen 62, 90–92, 95, 99, 112
klinische Evidenz 141
Kompensation, Über- 38, 46 f., 59, 65, 81
Konflikt 80
Kraft, schöpferische 128

L

Lebensaufgaben 42, 57 f., 90, 114, 116
Lebensplan 41
Lebensstil, -analyse 42, 60 f., 68, 75 f., 91–93, 95, 99, 113, 131
Leitbild 61
Libido 18, 71
Liebeswert 116, 118
Logik
– private 39, 44, 68, 76, 87
Logik des Zusammenlebens 24, 57, 59
Logotherapie 40 f.

M

Macht, -streben, Wille zur- 11, 23, 25, 49 f., 54 f., 77
Minderwertigkeitsgefühl 46 f., 81
Mittwochsgesellschaft 17–19
Mut 46, 57, 65

N

Neopsychoanalyse 36
Neuroseformel 81
Neurosenprophylaxe 23 f., 127
Neutralität, wohlwollende 98
Nützlichkeit, allgemeine 57

O

Organminderwertigkeit 18, 47, 65

P

Persönlichkeit 15, 73
Philosophie des Als-Ob 51
Positivismus
– idealistischer 51
Prinzip der Persönlichkeit 61
– einigendes 51
Prophezeiung
– sich selbst erfüllende 80
Protest
– männlicher 49, 77
Psychoanalyse 17, 22, 36, 74, 86
Psychotherapie 60
– individualpsychologische 99, 127, 142

R

Reformbewegung 13

S

Sachlichkeit 58
schöpferische Kraft 52
Sechs-Punkte-Vorgehen 102
Selbstverantwortlichkeit 42
Selbstvertrauen 46, 65, 124, 131
Selbstwert 48, 59, 100 f.
Sexualität 13, 19 f., 37, 58, 72
Sexualschema 37
soziales Bezogensein 54, 133
Sozialmedizin 17, 45 f.
Streben nach
– Gemeinwohl 28
– persönlicher Überlegenheit 55
– Selbsterhöhung 73
– Sicherheit, Macht und Anerkennung 39
– Sicherung 49
– Überlegenheit 48 f.
– Überwindung 20, 48
– Vollkommenheit 55

T

Transaktionsanalyse 36, 42
Traum/Träume 75, 99, 115
Trauminhalt 99, 124
– manifester und latenter 99
Trieb
– -verdrängung 18
– -verschränkungen 72
– -verwandlungen 72

U

Überempfindlichkeit 80, 118
Überlegenheitsstreben 74, 77, 119
Übung in Kooperation 94, 98
unnütze Seite des Lebens 57, 77 f.
Unzulänglichkeit 48

V

Veränderungswiderstand 100
Verhaltenstherapie 43 f.
Vermeidungsfrage 87
Vernachlässigung 38, 69
Verwöhnung 48, 66
Verzärtelung 48, 66

W

Wertschätzung 97, 124
Wirksamkeitsprüfung 135
Wirkursächlichkeit 50

Z

Zweckursächlichkeit 50

Susanne Kunz Mehlstaub
Christian Stadler

**Psychodrama-
Therapie**

2018. 212 Seiten mit 20 Abb. Kart.
€ 29,–
ISBN 978-3-17-028723-5
Psychotherapie kompakt

J. L. Morenos Psychodrama zeichnet sich als aktionsfreudiges und kreatives Therapieverfahren aus und erfuhr bald weltweite Anerkennung. Die Einzigartigkeit des Verfahrens liegt im definierten Ziel der Begegnung miteinander sowie in der szenisch-systemischen Herangehensweise. Das Buch vermittelt theoretische Grundlagen anhand praktischer Fallbeispiele und gibt neue Inspiration im therapeutischen Alltag. Diagnostik, Anwendung in der Einzel- und Gruppentherapie und Forschung werden ausführlich dargestellt.

Leseproben und weitere Informationen unter www.kohlhammer.de

Sebastian Euler/Marc Walter

Mentalisierungsbasierte Psychotherapie (MBT)

2018. 188 Seiten mit 6 Abb. und 4 Tab. Kart.
€ 29,-
ISBN 978-3-17-031651-5
Psychotherapie kompakt

Die MBT ist ein evidenzbasiertes, schulenübergreifendes Psychotherapieverfahren, das in ambulanter Einzel- und Gruppentherapie sowie stationärer und teilstationärer Psychotherapie Anwendung findet. Sie wurde für Borderline- und andere Persönlichkeitsstörungen entwickelt, eignet sich aber auch für die Behandlung von Patienten mit Depressionen, Essstörungen, psychosomatischen und psychotischen Erkrankungen. Das Buch vermittelt die theoretischen Grundlagen des Mentalisierens. Die diagnostischen und therapeutischen Elemente der MBT werden erläutert, bevor auf störungsspezifische Anwendungsbereiche und Wirksamkeitsnachweise eingegangen wird.

Leseproben und weitere Informationen unter www.kohlhammer.de

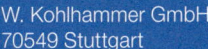

Ali Kemal Gün

Interkulturelle therapeutische Kompetenz

Möglichkeiten und Grenzen psychotherapeutischen Handelns

2018. 243 Seiten mit 1 Abb. Kart.
€ 39,–
ISBN 978-3-17-030659-2

Unter Berücksichtigung der demografischen Zusammensetzung und Entwicklung der Bevölkerung wird deutlich, dass Deutschland von einer multikulturellen, multiethnischen und multireligiösen Vielfalt geprägt ist, die in Zukunft noch zunehmen wird. Migration und Interkulturalität stellen komplexe Herausforderungen an den Problembereich Psychotherapie, insbesondere hinsichtlich der theoretisch-konzeptionellen und methodisch-praktischen Aspekte. Die inhaltsanalytische Auswertung der zu dem Thema durchgeführten Interviews macht deutlich, dass die Therapeuten und Migranten-Patienten unterschiedliche Vorstellungen und Erwartungen an und über psychotherapeutische Behandlungen haben. Das Buch stellt das Thema am Beispiel ausgewählter Kulturkreise praxisrelevant dar und hilft Fachkräften in interkulturellen Überschneidungssettings, effektiver zu arbeiten.

Leseproben und weitere Informationen unter www.kohlhammer.de

W. Kohlhammer GmbH
70549 Stuttgart